D1704723

Rolf Drevermann

Heilen in Gottes Auftrag

Rolf Drevermann

Heilen in Gottes Auftrag

Mein Leben und Wirken als Heiler

Vorwort von Jürgen Fliege

Langen Müller

Die Angaben und Ratschläge in diesem Buch sind sorgfältig geprüft. Im Zweifel sollte jedoch immer ein Arzt gefragt werden. Eine Haftung des Autors beziehungsweise des Verlages und seiner Beauftragten für Personen-, Sach- und Vermögensschäden ist ausgeschlossen.

Besuchen Sie uns im Internet unter:
http://www.herbig.net

Gedruckt auf chlorfrei gebleichtem Papier

© 2001 Langen Müller in der
F. A. Herbig Verlagsbuchhandlung GmbH, München
Alle Rechte vorbehalten
Schutzumschlaggestaltung: Wolfgang Heinzel
Umschlagmotiv: Marion Schröder, Hamburg
Herstellung und Satz: VerlagsService Dr. Helmut Neuberger
& Karl Schaumann GmbH, Heimstetten
Gesetzt aus der 11/14 Punkt Stempel Garamond
Druck und Binden: GGP Media, Pößneck
Printed in Germany
ISBN 3-7844-2818-5

Inhalt

Vorwort von Jürgen Fliege 9
Zum Geleit 15

1   Der Tag, der mein Leben veränderte 17
2   Freunde in der Not 28
3   Zurück zu Gott 33
4   Erinnerungen an ein seltsames Erlebnis 37
5   Wie ich mich an der kleinen giftigen Chefköchin rächte 44
6   Am Steuer und doch kein Kapitän 50
7   Irrungen und Wirrungen 54
8   Gott hat jedem von uns einen Schutzengel mitgegeben 58
9   Mein Kreuz 63
10 Auf Wohnungssuche 67
11 Dörfchen, mein Dörfchen … 73
12 Wer sich auf See begibt … 78
13 Ein Reporter will den »Scharlatan« enttarnen 84
14 Warum nicht sein kann, was nicht sein darf 89
15 Ein Wunder in Fatima 94
16 Padre Pio tritt in mein Leben 97
17 Was über Padre Pio berichtet wird 101
18 Rosenduft und andere Gerüche 106
19 »Sternchens« Himmelfahrt 112
20 Den Seelenfrieden finden 116

Inhalt

21 Als ich vom Brötchenholen kam,
    stand die Polizei im Haus *120*
22 Wie ich Fergus vor dem Schlachthof rettete *125*
23 In Großbritannien arbeiten Ärzte und Heiler
    Hand in Hand *129*
24 Einsam in den Bergen *132*
25 Warum ich auf Gott aufmerksam mache *140*
26 Padre Pio kommt nach Einen *146*
27 Ein Minister steht mir bei – und muss dann
    selber gehen *150*
28 Der Staatsanwalt und seine Frau *155*
29 Gott wartet auf uns *159*
30 Ibiza, mein Bestimmungshafen? *166*
31 Kein Märchen aus 1001 Nacht *173*
32 Wie ich dem kleinen Ddschulay helfen konnte *184*

Anhang
Patienten berichten *189*

Für meine Frau Gabriele

Vorwort
von Jürgen Fliege

Er kam aus dem katholischen Münsterland. Aber das war auch schon alles, was ihn damals mit Gott, Religion und Kirche verband. Und die Bodenständigsten dort, die Bauern, die gelassen von sich sagen, sie fürchten nicht die Zukunft, weil sie die Vergangenheit überlebt hätten, sogar die Herrschaft der katholischen Kirche, die kannte er erst recht nicht. So tief schien er nicht. Und so tief schienen seine Wurzeln nicht zu gehen. Er hielt sich mehr an der Oberfläche auf. Schließlich sah er gut aus, das verführt leicht, und hatte eine schöne rassige Frau und war mit ihr nach Spanien gegangen, um das Glück zu kaufen. Irgendwo zwischen Benidorm und Marbella würden sie es schon machen. Er als Koch, und sie würde nicht nur hinter dem Tresen eine gute Figur machen. Und das taten sie auch, und alles lief bestens. Bis in jene späte Sommernacht hinein.

Da waren ein paar deutsche Touristen übrig geblieben. Die wollten wohl ihren roten Wein noch austrinken und nichts dem Wirt schenken. Und der Wirt aus Deutschland setzte sich dazu. Was tut man nicht alles für seine Gäste und ein gutes Geschäft! Rolf, werden sie ihn genannt haben. Und die Gäste erzählen wohl wie immer und zum x-ten Mal ihre Heldengeschichten und Krankengeschichten. Zum Wohle!

Jürgen Fliege, evangelischer Pfarrer, wurde bekannt als Fernsehmoderator, Buchautor (»Der Menschenflüsterer«), Kolumnist für Zeitungen und Zeitschriften sowie durch diverse Rundfunksendungen. Rolf Drevermann war mehrmals Gast in seiner Talkshow »Fliege« (ARD).

Und wie sie dem Zoll ein Schnippchen geschlagen haben, und dass sie seit Jahren schon mit der halbwüchsigen Tochter von Arzt zu Arzt gelaufen seien. Aber keiner der Ärzte bekäme ihren Schmerz im Arm weg. Da bleiben die Rotweingläser unten und die Köpfe auch. Da nickt der freundliche Wirt, stellt sein Glas auch auf den Tisch, schiebt es eher betreten Richtung Tischmitte, zieht den Arm zurück und streicht wie nebenbei dem halbwüchsigen Mädchen neben sich mitfühlend über den schmerzenden Arm. Was kann man schon mehr machen als einfach nett zu den Gästen zu sein. Und wo man nichts ändern kann, kann man mindestens trösten. Vielleicht noch ein bisschen warm halten den Arm der Kleinen. Das wird schon keiner missverstehen. Vater und Mutter sind ja auch dabei. Und dann noch den Rest der Flasche vielleicht und dann ab ins Bett. Morgen ist auch noch ein Tag.

Aber ein ganz neuer! Nur ahnt das keiner.

Als Rolf Drevermann, der Koch und Wirt aus dem Münsterland, am nächsten Tag zu seinen Töpfen gehen will, steht die Familie von gestern Abend schon da. Was er mit der Tochter gemacht habe? Das, was kein Arzt hingekriegt hat, war passiert. Das Mädchen war für einige Stunden schmerzfrei gewesen. Rolf Drevermann fühlt sich nicht wohl. Es geht auf Mittag zu, er muss kochen, und vor ihm steht eine aufgeregte Familie aus Deutschland und redet auf ihn ein wie auf einen lahmen Gaul. Sie reden was von Handauflegen und heilenden Händen. Und ihm läuft die Zeit davon. Er hat keine heilenden Hände. Er hat Hände zum arbeiten. Fertig. Und die müssen in ein, zwei Stunden die Speisekarte zweimal rauf- und dreimal runtergekocht haben. Und wenn sie dann noch die Kraft haben, dann höchstens, um ein paar netten aber nervigen Touristen freundlich, aber bestimmt, die Tür zu zeigen. Aber natürlich lässt er sich überreden, legt noch einmal bei Petra die Hände auf. Wieder verfliegen die Schmerzen. (Und nach der vierten Behandlung sind sie für immer verschwunden.)

Irgendwo muss die deutsche Familie von ihm und seinen Händen erzählt haben, wenig später stehen ein paar spanische Nachbarn in der Tür. Sie wollen den deutschen Koch sehen, den mit den heilenden Händen. Und mehr, um sie endlich loszuwerden denn als Test, streicht der einem Kranken über seinen kranken Leib. So wie bei Petra. Genau so. Zärtlich, voller Liebe und Anteilnahme, und lässt sie einen Augenblick dort liegen.

Das Wunder ist geschehen.

Und seitdem hat Drevermann ein Problem. Er ist ein Heiler. Doch er wollte es genauso wenig sein wie Jeremia aus dem Alten Testament ein Prophet sein wollte. Er wollte nicht. Jeremia kriegte kein Wort raus als er zum ersten Mal das Gefühl verspürte, in Gottes Namen das Maul aufmachen zu müssen. Er wand sich und argumentierte, verwies auf sein junges Alter und seinen trockenen Mund. Aber es half nichts. Er musste. Leidenschaftlich starke Kräfte zwangen ihn. Und wäre er ihnen nicht nachgekommen, er wäre gestorben.

Und Mose, der Führer Israels, wollte auch kein charismatischer Volksführer Gottes sein. Wie hat er sich versteckt! Wie hat auch er argumentiert von wegen Lampenfieber und trockener Hals und Angst um sein Leben. Da gab ihm der Herr des Lebens seinen Bruder Aaron an die Seite. Und Paulus wollte auch kein Missionar und Augustin kein Bischof sein. Sie wollten alle nicht. Sie weigerten sich. Aber der Himmel brauchte sie. Und Paulus musste erst vom hohen Ross fallen und erblinden und selber gerettet werden, und Augustin das Leben im Rotlichtmilieu Italiens nicht nur gekostet haben. Dann waren sie reif. Das Leben verfügt über Kräfte, die alle Widerstände überwinden. Damals und heute.

Rolf Drevermann brauchte der Himmel wohl, um an die alte Heilkunst des Handauflegens zu erinnern. Die schien fast vergessen. Handauflegen taten und tun die Heiler aller Zeiten und Himmelsrichtungen, biblische und unbiblische. Doch das ist nicht der Maßstab. Nur haben die toten Buchstaben unserer Heiligen Schrift diese lebendige Tradition in unseren modernen Gemeinden Europas fast absterben lassen. Das aber stört keinen guten Geist. Da steht auf einmal der Koch und Wirt Drevermann als Heiler unter Ärzten einsam wie ein Rufer in der Wüste. Ohne jede Autorität und Legitimation von Papieren und Ämtern. Nur mit der Legitimation der Kranken. Und unsicher, ob denn die unbekannte Legitimation des Himmels wirklich tragen könnte. Wer vertraut schon dem Himmel? Wer vertraut schon seiner Erfahrung, wenn es dafür keine amtlichen Bestätigungen und Brief und Siegel gibt?

Für Drevermann aus dem katholischen »heidnischen« Münsterland, das unter der dünnen Decke der Moderne und der Säkularisierung voller Spökenkieker und Spiritualität ist, gibt es jetzt nur das Gedächtnis der alten Kirchen. Das erinnert sich mit der Heiligen Schrift und zweitausend Jahren aufgeschriebener Tradition, wie Gott immer wieder aus dem Nichts seine Leute ruft. Die gibt es in jedem Jahrtausend. Über Franz von Assisi bis Hildegard von Bingen. Und bis in unsere Tage Padre Pio. Da faltet Drevermann die Hände, betet und betet und fühlt sich geborgen im Schoß der Menschen, die realistisch genug sind, an Wunder zu glauben. Es ist die Gemeinschaft der Glaubenden, die sich ihr Leben lang damit vertraut gemacht haben, dass es mehr gibt zwischen Himmel und Erde, als die Zeitung schreibt.

Vorwort von Jürgen Fliege

Denn wenn du dein Leben so weit aus dem Fenster hängst, brauchst du eben Wurzeln, die dich tragen. Der Erfolg allein trägt nicht. Wenigstens nicht weit, und wer weiß schon wohin? Und wenn du es schon nicht weißt, wo es hingeht, dann weißt du wenigstens, wo es herkommt, denn die bodenständigen Bauern aus dem Münsterland haben noch eine andere Weisheit, die trägt: »Von nix kommt nix!«

Zum Geleit

Es gibt Dinge im Leben, die sind so unwahrscheinlich, dass man sie nicht einmal träumt. Und dennoch passierten sie mir. Das allein wäre noch kein Grund für dieses Buch. Wichtiger ist der Weg, auf den ich geführt worden bin und den ich allen, besonders den kranken Menschen, für ihr seelisches und damit auch körperliches Heil aufzeigen und empfehlen möchte.

Die Entscheidung dafür liegt bei jedem selbst.

Rolf Drevermann

Meine Stationen als Heiler:

Torrox-Costa (Spanien) Mai 1988 – April 1989
Warendorf-Einen August 1989 – Juni 1991
Seis (Südtirol) Juni 1991 – Juli 1994
Ibiza (Spanien) Juli 1994 – heute

1
Der Tag, der mein Leben veränderte

Es ist der 21. Mai 1988. Eine Familie geht in ein Reisebüro und bucht ihren wohlverdienten Jahresurlaub an Spaniens Sonnenküste. Ein Vorgang, der sich täglich in vielen deutschen Städten unzählige Male abspielt. Zur selben Zeit hantiere ich mit Töpfen und Pfannen in einer kleinen Restaurantküche in der Feriensiedlung Torrox-Costa. Wie tausend andere Wirte in spanischen Urlaubsorten. Den Kopf voller Ideen für den nächsten Einkauf und den kommenden Speisezettel, in den Ohren die übliche Mischung aus Küchengeräuschen, Bestellkommandos und dem unbeschwerten Palaver von Gästen. Der übliche Ablauf eben. Niemand, weder die kleine Urlauberfamilie aus Deutschland noch ich, konnte ahnen, dass sich unsere Wege bald kreuzen werden. Dass etwas Unfassbares geschehen und dass sich das Leben aller Beteiligten auf unvorstellbare Weise verändern wird.

Im April 1985 war ich mit meiner Frau und Sohn Ralf nach Spanien ausgewandert. Wir hatten zunächst das Lokal »Mediteraneo« eröffnet, das sich in kurzer Zeit so prächtig entwickelte, dass wir im Jahr darauf hundert Meter entfernt bald ein weiteres Restaurant betrieben. Mein Schwager führte das »Mediteraneo« weiter, und wir brachten »Los Faroles« auf Touren.

Die Bedingungen waren günstig. Torrox-Costa ist eine kleine, typisch deutsche Urbanisation an der Costa del Sol. Kleine, hübsche Bungalows mit herrlichen Gärten. Ein

1 Der Tag, der mein Leben veränderte

feiner Lavastrand. Und ein phantastischer Panoramablick auf die Sierra de Gador. Wie geschaffen für Urlaubsträume. Man will nur noch genießen. Ausgedehnte Strandwanderungen machen, maritimen Vergnügen beim Wasserski, Surfen, Schwimmen und Segeln nachgehen und ausgiebig vom reichhaltigen gastronomischen Angebot der Region kosten.

Alles wäre so toll, auch für unsere kleine deutsche Familie, verdunkelten nicht Schatten des Alltags die Urlaubsfreude. Auch wenn die Sonne noch so prächtig scheint, so reisen die Sorgen doch mit, wenn das eigene Kind krank ist und bei jeder Bewegung von Schmerzen geplagt wird.

Petra, eine siebzehnjährige, hübsche junge Frau, betrat an ihrem zweiten Urlaubstag mit ihren Eltern mein Lokal zum Abendessen. Als Wirt beobachtet man ja alle, die das Lokal betreten, um sich besser auf die Gäste einstellen zu können. Gerade, wenn man noch nicht lange im Gastland lebt und der Betrieb noch im Aufbau ist, muss man sich auf jeden einstellen und ihm möglichst die Wünsche von den Augen ablesen. Jeder soll in seinem Urlaub glücklich und zufrieden sein, sich entspannen und wohl fühlen – und im nächsten Jahr wiederkommen. Nichts ist in der Gastronomie so wertvoll wie eine Stammkundschaft, und die gilt es, sich zu erarbeiten. Das bedeutet, dass der Koch nach getaner Arbeit den Herd verlässt und sich als Wirt um seine Gäste kümmert. Zumindest galt das für mich, denn ich konnte mir in jener Zeit nicht erlauben, einen Koch einzustellen.

Nach der anstrengenden Küchenarbeit kam der nicht minder anstrengende, aber schönere Teil meiner Tätigkeit. Sich nach dem Wohlbefinden der Gäste zu erkundigen und Gespräche über Gott und die Welt zu führen, also über die großen Erlebnisse und kleinen Begebenheiten des Urlaubs zu plaudern. Ähnlich wie ein guter Frisör, der nach dem Befinden fragt und zum Dorfklatsch bereit ist, drehte ich mei-

1 Der Tag, der mein Leben veränderte

ne Runde durchs Lokal. Nach mehreren freundlichen »Guten Abend« und »Wie geht's?« stand ich vor Petra und ihren Eltern. Locker und routiniert brachte ich die Unterhaltung auf die üblichen Themen Wetter, Urlaubsspaß und gutes Essen. Doch seltsamerweise kam ich als Alleinunterhalter vom Dienst nicht wie gewohnt an. Man bemühte sich zwar, freundlich und aufgeschlossen zu sein. Aber da war eine Art Blockade, eine gefühlsmäßige Mauer. Ich spürte, dass diese Familie nicht zu den unbeschwerten Urlaubern gehörte. Irgendetwas bedrückte sie. Ich ließ das sonst übliche Plaudern sein und lauschte einfach in mich hinein. Plötzlich spürte ich Empfindungen, die mich irritierten. Von meiner linken Seite, an der Petra saß, gingen Schwingungen aus, die ich bisher nicht kannte.

Petras Eltern bemerkten sofort meine Veränderung von der albernden Frohnatur zum nachdenklichen, ja verstörten Mann. Erst zögernd, dann offen erzählten sie mir von dem Leid, das Petras Leben zur Qual machte.

Tief bewegt hörte ich zu. Petra hatte als Zwölfjährige einen Unfall. Sie war vom Pferd gestürzt, auf dem Rücken aufgeschlagen und zudem von einem Huf am rechten Knie getroffen worden. Seitdem litt sie ständig unter brennenden Schmerzen besonders an Beinen und Armen, konnte sich nur unter Mühen bewegen und empfand selbst bei der geringsten Berührung entsetzliche Qualen.

Ich wurde von einem starken Gefühl des Mitleids erfasst. Ich wollte sie irgendwie trösten. Und es geschah mit mir etwas kaum Beschreibbares. Meine linke Hand wurde von einer sanften, unwiderstehlichen, positiven Kraft über Petras Arm geführt. Ich spürte eine Wärme in mir aufsteigen, die innerhalb von Sekunden meinen gesamten Körper erfüllte. Meine Hände begannen zu kribbeln. Zugleich empfand ich ein so starkes Gefühl der Nächstenliebe wie nie zuvor in

1 Der Tag, der mein Leben veränderte

meinem Leben. Die Eltern schauten uns verwundert und abwartend zu. Nach etwa fünf Minuten erlebten wir das, was sowohl ihr als auch mein Leben auf den Kopf stellte.

Petras Körper entspannte sich. Mit tiefer innerer Ruhe schaute sie uns an und schenkte uns ein dankbares Lächeln. Man kann sich kaum vorstellen, was in diesem Moment in den Eltern vorging. Ein dankbares Lächeln! Ein liebevolles Lächeln! Fünf Jahre lang hatten sie auf diesen Moment gehofft und gewartet. Fünf lange Jahre. Jahre voller Hoffnung auf Hilfe, voller schwindender Hoffnung auf ein klein wenig Linderung. Stattdessen nur schreckliche Enttäuschungen und die immer wiederkehrende Aussage der Ärzte, man könne für Petra nichts mehr tun. Und nun dieses Lächeln! Sollte in wenigen Augenblicken geschehen sein, was sie selbst kaum noch zu hoffen wagten? Worauf Eltern und Tochter seit Jahren vergeblich gewartet hatten?

Ungeduldig und voll nervöser Anspannung schauten die Eltern ihre Tochter an. Sie warteten auf ein Wort der Erklärung, auf eine Antwort auf die Frage, die in ihren Gesichtern zu lesen war: »Was ist geschehen?«

Petra machte die Augen auf und sagte mit noch etwas verklärtem, aber entspanntem Gesichtsausdruck: »Er hat mir die Schmerzen genommen. Sie sind einfach fort. Ich spüre sie nicht mehr.«

Vor Freude lagen Tochter und Eltern einander in den Armen. Nach all den Jahren konnte das eigentlich ja gar nicht sein. Doch darüber dachte niemand nach. Fragen nach dem Warum, Weshalb, Wodurch und Womit stellte an diesem Abend niemand. Da war nur die alles beherrschende Freude. Ab und zu wurde ungläubig nachgefragt: »Geht's dir immer noch gut?« Und Petra antworte lächelnd: »Ja!«

Auch ich war von dieser Euphorie angesteckt. Ich freute mich einfach mit dieser Familie. Mir wurde überhaupt nicht

1 Der Tag, der mein Leben veränderte

bewusst, was da geschehen war. Und schon gar nicht, dass ich es gewesen war, der das Positive bewirkt hatte. Es war nicht der Moment, darüber nachzudenken. Wir feierten einfach in die Nacht hinein.

Am nächsten Morgen, wir saßen beim Frühstück, klingelte es. An der Haustür stand Petras Mutter und bat mich mitzukommen. Ihre Tochter habe wieder diese Schmerzen. Und ich möge doch wiederholen, was ich am Vortag Gutes getan hatte. Ich sagte zu ihr: »Ihr habt es doch gesehen. Versucht ihr es doch einfach mal!« Sie entgegnete: »Das haben wir schon getan. Aber es hat nichts gebracht.« Petra habe inständig gebeten, dass ich zu ihr komme.

Was war denn nun los? Was wollte man von mir? Glaubten die etwa, ich sei der Garant für das Wohlergehen ihrer Tochter? Ich war selbst noch nicht dazu gekommen, mir Gedanken über den vergangenen Abend zu machen. Ich hatte noch gar keine Zeit, über das, was passiert war, schockiert oder erstaunt, bestürzt oder verängstigt zu sein. Also ging ich mit, allerdings mit gemischten Gefühlen, tat, wie mir geheißen wurde, und hoffte, dass ich danach nicht mehr behelligt werden würde.

Petra lag auf ihrem Bett, und ich stellte mich neben sie. Niemand sprach ein Wort. Wieder spürte ich, wie meine Hand über ihren Arm gezogen wurde. Ich hatte die gleichen Empfindungen wie am Vorabend. Und wieder war da ein unendlich liebevolles Gefühl. Ein Gefühl für den Nächsten. Intensiver als das übliche Mitleid, wenn man etwa sagt, das tue einem aber Leid. Das richtige Mitleid hatte ich bis dahin nicht gekannt. Es war ein sehr tief greifendes Gefühl, das ich zum ersten Mal bei Petra verspürte und das im Laufe der Jahre meinen Mitmenschen gegenüber immer intensiver wurde.

Nach fünf Minuten war Petra wieder schmerzfrei. Sie, ihre Eltern und ich staunten.

1 Der Tag, der mein Leben veränderte

Petras Eltern sahen einen Hoffnungsschimmer. Sollte ihre Tochter in diesem Urlaub gesund werden können? Sie ließen mir keine Ruhe. Dann, am vierten Tag, war es so weit, Petra war von ihrem Leiden befreit. Und das ist sie bis heute.

Was war passiert? Diese Frage beherrschte mich die nächsten Tage, Wochen und Monate. Ich konnte nicht begreifen, was mit Petra und was mit mir geschehen war. Ich hatte nie zuvor von etwas Ähnlichem gehört, war nie mit so etwas konfrontiert worden. Und nun soll ich auf einmal selbst helfen können?

Ich fühlte mich völlig verunsichert. Durch mein Einwirken soll ein Mensch gesund geworden sein? Meine Hände sollen heilen können? Das kann doch gar nicht sein. Und dennoch hab ich es selbst erlebt. Bin ich nicht mehr richtig im Kopf? Oder war alles nur Einbildung und Petra eine Simulantin?

Ich, der Bodenständige, war mir selber zum Problem geworden. Bisher bewegte sich mein Leben in den üblichen Bahnen, und ich glaubte, alles im Griff zu haben. Und nun das! Fragen über Fragen stürmten auf mich ein. Ich war allein mit ihnen und sollte erst viel später manche Antworten erhalten. Stattdessen brachte dieses »Wunder von Torrox-Costa« viel Leid über mich und meine Familie.

Petras Eltern sprudelten über vor Glück und teilten es allen mit, die sie am Strand oder sonst wo trafen: »Stellt euch mal vor, was für ein Wunder passiert ist.« Für sie war es ein Wunder, und ich sah es auch so. (Übrigens glaube ich heute noch an Wunder. Schon deshalb, weil ich sie seit damals ständig erlebt habe und immer wieder erlebe.)

Manche, die von dem Ereignis erfuhren, waren selber krank. Und so dauerte es nicht lange, bis ein unvorstellbarer

1 Der Tag, der mein Leben veränderte

Zustrom von Hilfesuchenden einsetzte. Aus allen möglichen Feriensiedlungen an der Costa del Sol kamen sie und baten um Hilfe. Morgens um neun standen sie an der Küchentür meines Restaurants und baten um Einlass.

Es kamen immer mehr. Was sollte ich tun? Ich hatte ja Verpflichtungen gegenüber meiner Familie und meinem Geschäft. Andererseits waren da diese armen Menschen, die voller Hoffnung zu mir kamen. Die konnte ich einfach nicht abweisen. Also bat ich zunächst um etwas Geduld und vertröstete die, für die ich morgens keine Zeit mehr hatte – und das waren manchmal zehn und mehr Leute –, auf den Nachmittag. Von 15 bis 18 Uhr war normalerweise meine Erholungszeit. Da ging ich spazieren oder legte mich ein bisschen hin, bevor das Abendgeschäft begann. Diese Ruhezeit opferte ich für die Hilfesuchenden. Ich konnte gar nicht anders. Ich konnte nicht Nein sagen. Wenn ich die armen Teufel sah, die um Hilfe baten, konnte ich sie nicht abweisen.

Was hatte ich auf einmal für einen Tagesablauf! Früh morgens Hilfesuchende. Dann der Einkauf und die Vorbereitungen für die Mittagessen. Ab 15 Uhr wieder kranke Menschen. Drei Stunden später wieder in die Küche und dann, als wäre nichts gewesen, im Lokal lockere Gespräche über Wind und Wetter führen.

Es mag ja verständlich sein, dass jeder Betroffene seine Chance sucht. Aber allmählich wurden die Hilfesuchenden immer besitzergreifender. Da ich nachmittags immer ausgebucht war, bedrängte man mich, doch auch frühmorgens länger zur Verfügung zu stehen. Und da ich, wie gesagt, nicht ablehnen konnte, gab ich nach. Doch um welchen Preis!

In dem Bestreben, so viel wie möglich Gutes zu tun, vergaß ich mich selbst. Noch schlimmer, ich erkannte nicht, wie

1 Der Tag, der mein Leben veränderte

sehr meine Familie unter diesen neuen Umständen litt. Ich nahm es einfach nicht wahr.

Mein Sohn, den ich zum Koch ausgebildet und der seit einiger Zeit im Lokal mitgeholfen hatte, stand schließlich an meiner Stelle in der Küche, während ich mich die meiste Zeit um die Kranken kümmerte. Ralf ersetzte mich, so gut er konnte. Und gleichzeitig ging er auf innere Distanz zu mir. Er zog sich zurück angesichts der unerklärlichen Vorkommnisse und der Turbulenzen, die er als damals 17-Jähriger erleben musste. Ich erkannte nicht, wie sehr meine Familie unter den neuen Umständen zu leiden hatte. Vor allem Ralf. Deshalb möchte ich ihn an dieser Stelle um Verzeihung bitten für all das Leid und die Ärgernisse, die ich ihm damals unbewusst bereitet habe. Für meine Familie war mein Verhalten weder verständlich, noch erklärbar. Was war aus dem treu sorgenden Ehemann und Vater geworden? Was war mit dem Optimisten, wie sie ihn zwanzig Jahre lang erlebt hatten, plötzlich los? Wie fleißig und ideenreich hatte er sich bisher um das gemeinsame Wohlergehen gekümmert! Und nun? Nicht mehr normal. Ein Schatten seiner selbst. Bedauernswert. Fernab jeder Realität. Heute sind mir die Reaktionen klar, damals fühlte ich mich nur von allen allein gelassen.

Was ich davon hatte? Ein liebes »Dankeschön, Herr Drevermann«. Denn alle kamen ja auf Empfehlung von Leuten, die mich zuvor aufgesucht hatten. »Geh doch auch mal hin, der hilft dir. Kosten? Der nimmt doch nix dafür. Der macht das gerne.« So oder ähnlich wurde ich angepriesen. Es kamen immer mehr. Und je mehr sagten, sie seien gesund geworden, desto größer wurde meine Unsicherheit. Was ist eigentlich los? Spinnen die oder spinne ich? Das kann doch alles gar nicht wahr sein! Was nicht greifbar, nicht fassbar, nicht erklärbar ist, das gibt's doch nicht. So haben wir es ja gelernt. Daran hatte auch ich mich bisher gehalten.

1 Der Tag, der mein Leben veränderte

Doch nun bekam ich Angst. Immer öfter kam es zu Streitereien in der Familie. Ich fand kein Verständnis, war nicht in der Lage, mich mitzuteilen. Ich hatte Angst, um etwas Verständnis zu bitten. Schon gar nicht bei den Hilfesuchenden. Ich war ja immer noch auf der Suche nach einer Antwort, nach Erklärung all dessen, was mit mir und durch mich geschah. Ich konnte unmöglich denen, die Hilfe suchten, sagen, dass ich selber Hilfe bräuchte. Dass ich selbst nicht mehr klar kam. Wie? Einer, der solche Dinge vollbringt, hat selber Probleme? Das schützt er doch nur vor, weil er in Wirklichkeit nicht helfen will. Auch mit solchen Ansichten wurde ich konfrontiert.

Mit den Energien oder Kräften – oder wie auch immer man das nennen will – kamen die Fragen. Was geschieht hier wirklich? Und vor allem: Warum gerade ich? Weil ich keine Antworten parat hatte, wurden die Ängste immer größer. Die Angst, dass das eigene Geschäft kaputtgeht. Die Angst, die Familie zu verlieren und allein da zu stehen. Mit niemandem drüber reden zu können, nirgends Verständnis zu finden. Gleichzeitig der Druck, die Hilfe nicht verweigern zu können. Nicht wissen, was die Zukunft bringt. Ja, nicht einmal eine Vorstellung von dem zu haben, wie man diesen und den nächsten Tag auf die Reihe bekommt.

Ich spürte, dass mir die Felle fortschwammen und dass ich immer weiter abstürzte. Ich erlebte starke Depressionen, und schließlich kam die Angst vor der Angst. Ich wusste gar nicht mehr, wovor ich Angst hatte. Ich hatte nur noch Angst. Furchtbare Angst. Eine Angst, die meine Persönlichkeit auffraß. Das zu erleben wünsche ich selbst meinem ärgsten Feind nicht.

Nach Monaten voller Tiefen bekam ich erste Antworten auf manche meiner vielen Fragen. Eines Tages stand Hans

1 Der Tag, der mein Leben veränderte

Herdeis, ein neuer Gast, bei mir an der Theke. Und wie das so ist, in den drei Wochen, die er auf Urlaub in Torrox-Costa war, näherten wir uns an, lernten uns etwas kennen und kamen ins Plaudern. Er erzählte, dass er sich als Heilpraktiker viel mit alternativen Dingen beschäftigt hatte, und deutete an, dass ihm Erfahrungen außerhalb des Alltäglichen nicht fremd seien. Ich traute mich, von dem zu erzählen, was mich Tag und Nacht beschäftigte und womit ich nicht fertig wurde. Hans nahm mir die Angst vor den unbekannten Heilkräften: »Nun bleib mal ganz ruhig. So etwas gibt es wirklich.«

Ich wusste anfangs überhaupt nicht, wovon er redete. Ich und Heilkräfte? Mir wäre es immer noch lieber gewesen, es hätte sich um Zufälle gehandelt, die bald nicht mehr auftreten würden, so dass ich wieder meine Ruhe gehabt und mein bisheriges Leben hätte fortführen können.

Hans holte mich für zwei Wochen zu sich nach Regensburg in eine Art Erholungsheim – Heilpraktiker dürfen ja keine Klinik betreiben –, und während dieser Zeit führte er mich behutsam an die Sache heran. Er nahm sich dankenswerterweise viel Zeit für mich und meine Probleme. Er brachte mir bei, mich so zu akzeptieren, wie ich nun einmal war. Das heißt, er führte mich auch dazu, die Heilkräfte für das zu nehmen, was sie nun einmal sind: heilende Kräfte. Und keine Zufälle oder gar eingebildete Phänomene.

Meine Probleme aber waren geblieben.

Ich hatte mich zwar entschlossen zu helfen, verlor aber gleichzeitig alles, was mir lieb war und was ich geschaffen hatte. Ich war nicht mehr ich selbst. Auch so genannte Freunde zeigten nun ihr wahres Gesicht. Viele wollten mit mir, der in ihren Augen nur noch ein Spinner war, nichts mehr zu tun haben. Unzählige nette und lustige Stunden

1 Der Tag, der mein Leben veränderte

hatte man miteinander verbracht, gelacht, getanzt und getrunken. Und nun kannten sie mich anscheinend gar nicht mehr ...

Die Trennung von meiner Familie war nicht mehr aufzuhalten. Zu unterschiedlich war unsere Lebensauffassung geworden. Viele Tränen und viel Leid bürdeten wir uns auf, um bei anderen Leid zu lindern und Tränen zu trocknen. Ich frage mich oft: Musste das sein? Warum haben wir uns so entschieden? Warum nur, warum?

Die Familie meiner spanischen Frau blieb nicht untätig. Man machte mir unmissverständlich klar, dass ich im Grunde überhaupt nichts zu sagen hätte. Liefen doch alle mit dem Geschäft verbundenen Lizenzen auf den Namen meiner Frau. Denn zur damaligen Zeit war es für einen Ausländer praktisch unmöglich, in Spanien eine Konzession zu bekommen. Die heutigen Regelungen für EU-Bürger gab es damals nicht einmal auf dem Papier. Also hatte ich mich zu trollen.

Von allen Seiten wurde ich verteufelt. Es kam der Punkt, wo ich mich für das Gute, was ich weiterhin bewirkte, schämte. Ich traf Stammgäste, denen ich einst als Wirt so manchen Schluck spendiert hatte und mit denen ich mich vorher duzte. Plötzlich verleugneten sie mich. Von einem, der angeblich seine Familie im Stich gelassen hatte, wollte man nichts mehr wissen. Außerdem hatte der doch sowieso keinen Taler mehr für ein Bierchen. Es kam vor, dass mich an einer Theke einer anmachte: »Eh, du, mich hat gerade einer hinten rein getreten. Das tut weh. Leg doch mal die Hand drauf.« Wenn man so etwas erlebt hat – und das Dutzende Male –, dann traut man sich kaum noch unter Menschen. Eines Tages war es so weit, dass ich erst schaute, ob niemand kommt, der mich kennt, ehe ich vor die Tür trat.

2
Freunde in der Not

Von Hunderten, die angeblich meine Freunde gewesen waren, blieben nur Norbert, seine Frau Kitty und Rolle übrig. Wie sagt doch der Volksmund? Echte Freunde in der Not gehen wenige auf ein Lot. Ganze drei waren mir geblieben. Drei echte Freunde, die mich nicht im Regen stehen ließen, denen es nicht egal war, was aus mir wurde. Sie haben mich aufgehoben, haben mich getragen in stundenlangen Gesprächen und haben mich ermutigt, nicht aufzugeben, an das Gute im Menschen zu glauben.

Norbert war einst als Kanute so gut gewesen, dass er es bis ins Olympiaaufgebot für Mexiko geschafft hatte. Leider hatte er sich durch seinen Sport den Rücken ramponiert. Als Frührentner war er in die spanische Sonne gezogen und verdiente sich mit graphischen Gelegenheitsjobs ein Zubrot. Für viele Restaurants entwarf und schrieb er die Speisekarten, auch für mich und das »Los Faroles«. Er kam schon mal ab und zu auf ein Bierchen zu mir. Wir lernten uns näher kennen, und bald verband mich mit ihm und seiner Frau Kitty eine innige Freundschaft.

In jenen Tagen, in denen ich Frau und Kind verlassen musste, stand er ganz bedeppert bei mir an der Theke und sagte:

»Ich hau ab. Ich bin das leid mit meiner Frau. Wir trennen uns. Ich mach das nicht mehr mit.«

2 Freunde in der Not

»Na ja«, meinte ich, »dann können wir ja gleich zusammenziehen. Ich bin auch so weit. Ich darf hier auch von Bord gehen.«

»Alles klar«, entgegnete Norbert, verließ das Lokal und kam nach zwei Stunden mit einer guten Nachricht zurück. »Rolf, komm mal mit. Ich hab ein Haus gefunden, das wir mieten können.«

Wir fuhren gleich hin, und wie wir so im Vorgarten standen, hatte Norbert plötzlich einen kleinen Kater auf dem Arm. »Der läuft auch allein durch die Gegend«, meinte er. »Der kommt mit uns, da haben wir schon mal ein Haustier.«

Noch am selben Tag zogen wir ein. Von Triumph keine Spur, worüber auch? Und irgendwelche Gefühle der Befreiung waren auch nicht zu spüren. Immerhin war keiner von uns in seiner misslichen Lage allein, das hilft schon viel.

Nachmittags war Norbert schon voller Pläne und teilte das Haus auf. »Daraus wird ein Behandlungsraum, dies wird dein Schlafzimmer und das hier meines«, wirbelte er. Später machten wir uns einen gemütlichen Abend. Doch je länger der dauerte, umso größer wurde der Katzenjammer. Je dunkler es draußen wurde, desto finsterer wurde es in uns.

Am nächsten Morgen sah die Welt schon wieder heller aus. »Guten Morgen, Junggeselle«, weckte mich Norbert, bevor er Brötchen und ein bisschen Wurst fürs Frühstück holen ging.

»Du, ich muss dir etwas zeigen«, meinte er mit belegter Stimme, als er zurückgekommen war.

»Was hast du denn?« fragte ich.

»Ich hab einen Zettel an meinem Auto gefunden. Von meiner Frau. Lies dir den doch mal durch«, sagte er und gab mir ein Stück Papier.

2 Freunde in der Not

Da standen ganz viele liebe Worte und vor allem die dringende Bitte zurückzukehren. Was Norbert offensichtlich in ein Dilemma brachte.

»Was soll ich denn jetzt machen? Ich kann dich doch nicht alleine lassen!« jammerte er verwirrt. Fraglos spürte er ein schlechtes Gewissen mir gegenüber und zugleich die Sehnsucht nach seiner Frau.

»Doch, das kannst du«, entschied ich. »Wir trinken jetzt noch Kaffee, und dann saust du zu Kitty. Ich wünschte, ich hätte so einen Zettel an meinem Scheibenwischer gefunden!«

Fortan hatte ich nicht nur einen treuen Freund, sondern auch eine neue Freundin; nämlich seine Frau, die dankbar dafür war, dass ich ihn nach Hause gescheucht hatte. Die Ehe der beiden ist übrigens noch heute intakt.

»Du bist nicht allein, du hast jetzt uns beide«, erklärten sie damals. Sie kümmerten sich geradezu rührend um mich. Litt ich mal wieder unter dem Alleinsein und hatte meine Heulattacken, dann konnte ich Norbert anrufen – und wenn es nachts um drei war –, und er sagte: »Was hast du denn schon wieder? Moment, ich zieh mir was an, ich komme rüber.« Und schon war er da; er wohnte ja auch nur 50 Meter weiter.

Kitty engagierte sich ebenfalls sehr. Sie machte mir den Haushalt, da brauchte ich mich um nichts zu kümmern, und sie plante die Termine für die Behandlungen.

Rolle wiederum war ein Freund von Norbert, der ihn mir vorstellte. Rolles einjähriger Sohn Sandor litt unter ständiger Mittelohrentzündung, die erfolglos mit Unmengen von Antibiotika behandelt worden war. Für Rolle, der erst in späten Lebensjahren Vater geworden war, war Sandor sein Ein und Alles. Umso höher rechnete er mir an, dass ich dem

2 Freunde in der Not

Kind helfen konnte. Und nannte mich fortan nur noch »Doktor«.

Rolle war ein Muskelpaket, dessen Oberarme andere gern als Oberschenkel gehabt hätten. Er zierte sich keineswegs, seine Kräfte einzusetzen. Er nahm mich unter seine Fittiche, was sich in den Tagen der Anfeindungen als Glücksfall erwies.

Einmal ging ich auf ein Bierchen zu Atze in die Bar »Berlin«. Sofort wurde ich von drei Leuten angemacht: »Hau doch ab, du Scharlatan.« Als ich nicht reagierte, wurden die Pöbeleien immer wüster. In der Bar gab es kleine Sitznischen, und wenn die nicht beleuchtet waren, konnte man nicht sehen, ob da jemand saß oder nicht. Plötzlich schob sich eine gedrungene Gestalt aus dem Dunkel. An der Stimme erkannte ich Rolle.

»Lasst meinen Doktor in Ruhe!« sagte er nur, und dann krachte es schon. Einer flog gegen das Fenster, die anderen beiden durch die Tür.

»So, Doktor«, erklärte Rolle. »Jetzt trinken wir erst mal in Ruhe einen.«

Diese Geschichte ging wie ein Lauffeuer durch die Urbanisation. Es sprach sich herum, dass es nichts bringt, mir was Böses zu wollen, denn Rolle hielt seine Hand über mich. Besser gesagt seine Pranken, und vor denen hatten alle Angst.

Kontakt hatte ich in jener Zeit vor allem mit Spaniern, die meine Hilfe suchten. Die hatten mich nicht vergessen und versorgten mich mit dem Lebensnotwendigen. Der Bauer brachte ein Hühnchen mit, der Metzger ein Schnitzel, und vom Bergbauern bekam ich Wein. Ohne dass ich was sagen musste. Die brachten wie selbstverständlich ihre Sachen mit. Das war ihr Dankeschön. Und für mich

2 Freunde in der Not

jene Anerkennung, die ich in dieser Zeit so bitter nötig hatte.

Es war dennoch eine üble Zeit. Täglich sah ich meine Familie über die Straße laufen. Mein Sohn wandte sich von mir ab. Dem armen Kerl konnte und kann ich gar keinen Vorwurf machen. Der konnte kaum ermessen, was ablief. Er wusste nur, dass sein Vater irgendwie spinnt. Sagten doch alle.

Ich fühlte mich allein gelassen, war depressiv und immer noch nicht fähig, das Geschehen zu verarbeiten, geschweige denn völlig zu verstehen. So verfiel ich, der Himmel möge mir verzeihen, dem Alkohol. Und das so heftig, dass ich morgens noch vor dem Zähneputzen einen Schnaps trinken musste. Ich soff aus schierer Verzweiflung.

3
Zurück zu Gott

Die Angst vor dem Morgen fraß mich auf. Wieder und wieder stellte ich mir dieselben unbeantworteten Fragen, zermarterte mir das Hirn und fand keine Lösung. Doch mir war klar, dass es so nicht weitergehen konnte. Man kann ja nicht alles einfach hinnehmen, mit sich geschehen lassen, in totale Lethargie verfallen. Stunden über Stunden, tagelang grübelte ich vor mich hin.

Dann passierte, was selbst dem größten Atheisten passiert, wenn's ihm ganz dreckig geht. Man denkt, mein Gott, was soll ich machen? Mein Gott, wie soll das bloß enden? Erschrocken fragte ich mich: Was habe ich gerade gesagt? »Mein Gott« habe ich gesagt? Dann kam schlagartig die Erkenntnis. Wie lange hab ich ihn vermeintlich nicht mehr gebraucht? Wie lange hab ich nicht mehr an ihn gedacht?

Ich hatte meinen Herrgott nie verleugnet. Aber mich offenbar von ihm entfernt. Schlagartig fiel mir ein, dass ich jahrelang wie viele andere nur nach Weltlichem gestrebt habe. Dass ich über dem Funktionieren in dieser Gesellschaft meinen Glauben und damit meine Seele vergessen hatte. Heute weiß ich, dass über Jahre in meinem Unterbewusstsein ein Schuldgefühl geschlummert hatte, das ich ständig verdrängt hatte. Dass ich nicht auf meine innere Stimme gehört habe. Heute weiß ich: Vor Gott gibt es keine Flucht, außer hin zu ihm.

Da saß ich Menschlein scheinbar von allen verlassen in meinem Zimmer, druckste tränenreich herum und kam

3 Zurück zu Gott

schließlich zu der Erkenntnis, dass ich es ja nicht anders gewollt hatte. Du hast doch dein Leben selber so bestimmt, sagte ich mir. Du hast doch nie, solange alles gut ging, nach dem Herrgott gefragt. Es lief ja alles wie geschmiert. Er hat dich nicht verlassen, sondern du ihn.

Diese ernüchternde Erkenntnis bereitete neue Probleme. Ich geriet innerlich von einem Extremzustand in den Nächsten. Mit Norbert, Kitty und Rolle, den drei Freunden, die mir noch geblieben waren, konnte ich nicht über den Herrgott reden. Das war nicht ihre Sache. Ich stand für mich allein da. Was vielleicht auch ganz gut war, um mich auf den Weg des Herrn zurückzuführen. Es heißt ja immer, im Nachhinein mache alles einen Sinn. Ja, wenn man sich Gedanken macht. Das habe ich gelernt, dass man aus vielem vermeintlich Negativem etwas Positives herausholen kann.

Es war ein mühsamer und langwieriger Prozess der Selbstfindung. Es dauerte zwei, drei Monate, bis ich mich wieder Gott annäherte. Eines Tages fing ich wieder an zu beten. Anfangs erschrak ich fast darüber. Was machst du denn da? Du hast doch jahrelang nicht gebetet. Nicht nur, dass ich mich an frühe Kindheitserlebnisse mit Gott erinnerte. Ich musste mich auch ans Beten erinnern. Wie ging doch noch das Vaterunser? Zeile für Zeile holte ich es aus dem Gedächtnis hervor. Oder: Gegrüßet seist du, Maria. Was früher selbstverständlich war, entdeckte ich plötzlich aufs Neue. Auch wenn ich zwischendurch immer wieder schuldbewusst eingestehen musste, wie weit es doch mit mir gekommen war, so triumphierte doch das Erlebnis des Wiederentdeckens und das gute Gefühl, wieder beten und etwas tun zu wollen.

Ein Pfarrer hätte mir gewiss empfohlen, erst einmal mit dem Trinken aufzuhören und dann gemeinsam zu beten. Bei mir war es genau umgekehrt. Erst beten und dann weg mit

3 Zurück zu Gott

der Flasche. Ich bestand darauf, dass mich Norbert in dem Häuschen, das für mich angemietet worden war, einsperrte. Glücklicherweise waren die Fenster vergittert. Täglich besuchte er mich und brachte mir mein Essen. Von den Hilfesuchenden, die weiterhin kamen, hat niemand die Entziehungsprozedur mitbekommen. Wenn die weg waren, gingen Norbert oder seine Frau nach Hause. Sie hatten längst jeden Tropfen Alkohol aus dem Haus entfernt. Und es war abgemacht worden, dass sie mir auch nicht das kleinste Schlückchen geben sollten, falls ich darum betteln sollte.

Von den Leuten vom Blauen Kreuz, die man ja als Wirt kennen lernt, hatte ich gehört, wie übel es einem plötzlichen Abstinenzler gehen kann. Doch was ist schon Hörensagen, wenn es einen selber durchschüttelt! Es gab einige wenige Tage, an denen die Patienten leider auf einen anderen Termin vertröstet werden mussten, weil es mir zu schlecht ging. Ich hatte, salopp gesagt, einen Affen vom Feinsten. Ich konnte kaum noch den Löffel halten, mit dem ich die Suppe löffelte ...

Nach vier Wochen ohne einen Tropfen hatte ich es hinter mir. Ich wurde langsam wieder stärker und gewann auch Stück für Stück mein Selbstvertrauen zurück. In dieser Zeit habe ich viel nachgedacht und viel gebetet. Ich spürte, wie stärkend Gebete sind. Wie das Vertrauen in Gott in dem Maße wuchs, in dem ich mich ihm wieder annäherte. Heute weiß ich, dass jeder selbst zu ihm zurückfinden muss. Und kann. Denn er verlässt uns nie. Er ist immer für uns da, hilft uns und reicht uns immer wieder seine Hand.

Auch wenn meine eigenen Probleme keineswegs verschwunden waren und ich mit mir selbst längst noch nicht im Reinen war, so konnte ich mich allmählich doch mehr auf die Sorgen und Nöte der Hilfesuchenden konzentrieren. Dennoch spürte ich, dass meine Zeit in Spanien zu Ende ging. Ich musste eine andere Lösung finden. Es war nötig, Abstand zu gewinnen und den Blick nach vorn zu richten. Hinterher erfuhr ich, dass auch meine Freunde so dachten, sich aber nicht trauten, mit mir darüber zu reden. Sie waren sehr erleichtert, als sie von meinen Plänen erfuhren.

Was noch zu regeln war, wurde erledigt. Voller Zuversicht und voller Hoffnung auf eine bessere, zufriedene und sorgenfreie Zukunft flog ich nach Deutschland.

Welch ein Trugschluss!

4
Erinnerungen an ein seltsames Erlebnis

Im April 1989 traf ich in Deutschland ein. Glücklicherweise blieb mir ein einsames Hotelzimmer erspart. Vor der Abreise in die Heimat hatte ich mit meinen Eltern telefoniert und ihnen meine Situation dargelegt. Sie waren sehr betroffen und boten mir für die erste Zeit wieder ein Zuhause an. Ich sollte mich erst einmal wohl fühlen und meinen Kopf frei machen, damit ich meine Zukunft neu überdenken und planen konnte. Leichter gesagt als getan.

Nichts, aber auch gar nichts konnte ich vergessen. Ständig wurde ich von der Vergangenheit eingeholt. Immer wieder plagte mich die Erinnerung an meine Familie und vor allem an meinen Sohn. Sollten wir für immer getrennt sein? Eine Antwort fand ich nicht, es blieb nur die Hoffnung auf ein Wiedersehen.

Es mag an der vertrauten Umgebung gelegen haben, dass mir im Elternhaus noch stärker als in der letzten Zeit in Torrox-Costa Bilder und Geschehnisse meiner Kindheit in den Sinn kamen. Anders als die meisten Menschen kann ich sehr weit in meine Vergangenheit zurückblicken. Sehr früh hatte ich ein einschneidendes Erlebnis, das mir nun wieder bewusst wurde. Ich sah mich als Säugling im Kinderwagen. Ich war krank. Meine Mutter wusste sicherlich nicht, wie schwer. Auch wenn sie mir später sagte, dass ich im Alter von acht Monaten Stickhusten hatte. Plötzlich, nach so vielen Jahren, durchlebte ich in der Erinnerung diesen Hustenanfall nochmals, ich war wieder mittendrin im damaligen Geschehen.

Ich weiß noch genau, dass es ein windiger, regnerischer Tag gewesen war. Und ich hatte entsetzliche Angst. Schon damals Angst, gerade mal acht Monate alt. Sekunden später war die Angst fort. Ich schwebte über der Szenerie und sah ganz deutlich mich selbst im Kinderwagen. Ganz ruhig lag ich da. Es war ein schönes, sehr schönes Gefühl. Voller Ruhe und Liebe. Ein unbeschreibliches Erlebnis, an das ich mich heute gern zurückerinnere. Wie damals höre ich heute noch die Stimme: »Rolf, es ist noch nicht so weit. Geh zurück!«

Ich weiß, üblicherweise gilt, dass man Erlebnisse frühestens ab dem dritten Lebensjahr im Gedächtnis behält. Ich habe auch keine Erklärung dafür, dass ich mich an noch Früheres erinnern kann. Und dass Übliches und Unübliches sehr fragwürdige Kategorien sind, habe ich längst lernen müssen.

Ist so ein Rückerinnern an die ganz frühe Kindheit überhaupt möglich? werden Sie, liebe Leser, vielleicht fragen. Ich kann nur für mich sprechen – ich habe es erlebt! Und ich habe mich immer wieder gefragt, ob unser Lebensweg nicht vorgezeichnet ist. Haben wir mit unserer Geburt eine Lebensaufgabe bekommen? Was passiert, wenn wir sie nicht erfüllen oder gar ablehnen? Kann man sich seinem Schicksal entziehen? Wieder Fragen über Fragen, auf die es keine einfachen und unmittelbaren Antworten gibt. Heute weiß ich, dass die Antworten oft dann gegeben werden, wenn man es am wenigsten erwartet.

Ich erinnere mich auch daran, wie ich als Vier- oder Fünfjähriger zum Einkaufen geschickt wurde. Mit einem Einkaufszettel und der Tasche in der Hand sollte ich die paar hundert Meter zum nächsten Laden gehen. Was für ein ro-

4 Erinnerungen an ein seltsames Erlebnis

bustes oder zumindest gesundes Kerlchen nicht schlimm gewesen wäre. Doch an dem Tag blies ein starker Gegenwind, und ich hatte das Gefühl zu ersticken. Es schnürte mir den Brustkorb zu. Ich kehrte um und unter Tränen kam ich unverrichteter Dinge wieder nach Hause. Ich versuchte zu erklären, warum ich Angst hatte und dass ich deshalb den Auftrag nicht erledigen konnte. Statt Verständnis gab es Schelte und den Befehl, endlich einkaufen zu gehen. Erwachsene ahnen manchmal nicht, wie empfindsam Kinder sein können und wie viel schwerer sie vieles nehmen.

Ich hatte eine, glaube ich, normale Kindheit. Wie alle Kinder freute ich mich über kleine Glücksmomente des Alltags, und wie alle Kinder litt ich, wenn der Haussegen mal schief hing, was ja in den allermeisten Familien vorkommt. Dann flüchtete ich an einen Ort, an dem mich niemand vermutete. Wo ich Ruhe, Liebe und Trost fand. Wo mich jemand verstand, der mich kannte und wusste, wie sensibel ich war. Heute wünsche ich mir, dass viele Menschen, mit welchem Kummer oder Leiden auch immer, diesen Ort aufsuchen.

Ich versteckte mich, ohne jemandem davon zu berichten, in meiner Kirche, bei meinem Jesus, unter meiner Kanzel. Damals suchte ich Ruhe und sehnte mich nach dem Gefühl von Geborgenheit. Hier konnte ich mit meinem lieben Gott sprechen und wurde verstanden. Er kannte mich. Ihn konnte ich mit reiner Seele um die Liebe meiner Eltern und um Frieden in der Familie bitten. Ich sprach voller Vertrauen und Zuversicht zum himmlischen Vater. Ich wusste, er war immer für mich da. Auch wenn ich zuweilen ein mulmiges Gefühl hatte, weil ich – die Mutter hatte es kommentarlos abgelehnt – ihm nicht als Messdiener gegenübertreten konnte. Dabei wollte ich aus tiefstem Herzen ihm am Altar näher sein …

Schon in den fünfziger Jahren strapazierte man einen blöden Spruch: Religion sehr gut, Rechnen ungenügend. Alle hatten noch die Schrecken des vergangenen Weltkrieges in den Gliedern. Alle konnten sich noch gut daran erinnern, wie wirklich jeder für das nackte Überleben gebetet hatte. Und doch gab es schon wieder Abtrünnige, die Gott verleugneten und sich versündigten. Das hat sich bis heute nicht gebessert, im Gegenteil.

Noch bedenklicher sind für mich gewisse Auswüchse der so genannten modernen Theologie. Ich meine nicht so sehr modische Erscheinungen wie etwa fragwürdige Anpassungen an den Zeitgeist in Form von Gottesdiensten im Discosound. Ich denke eher daran, was aus dem Religionsunterricht geworden ist und mit welchem Gottesbild Kinder heutzutage aufwachsen.

Zu meiner Schulzeit lauschte man den Worten des Religionslehrers oder des Pfarrers, die den Glauben verkündeten und biblische Geschichten kindgerecht vermittelten. Vor dem inneren Auge erlebten die Kinder alles mit. Sie waren in Gedanken bei der Bergpredigt unseres Herrn Jesus Christus dabei. Sie sahen die wunderbare Brotvermehrung, sahen, wie unser lieber Heiland mit sieben Broten und einigen Fischen Tausende Menschen labte.

Ich hatte ein traditionelles Bild vom Gottvater. Wie stellt man sich schon einen Vater vor, der Tausende von Jahren alt sein muss? Als liebevollen Opa, als alten Mann mit Rauschebart, liebevollen Augen und gütigem Gesicht. Rein und unbefangen wie wir selbst waren unsere Vorstellungen. Die schönen Bilder vermittelten eine Grundeinstellung zur Welt, die negatives Tun verhinderte oder zumindest erschwerte.

Und heute? Aus Gesprächen mit Schulkindern weiß ich, dass ihre Fähigkeiten zur Phantasie durch den hohen Stellenwert, den man heutzutage Fakten einräumt, verkümmern. Falls Gott nicht gar geleugnet wird, wird er demontiert. Alter Mann mit Rauschebart? Nie und nimmer. Gott ist Energie, heißt es. Als ob sich ein Kind darunter etwas vorstellen und durch solcherlei Wahrheiten einen Zugang zu Gott finden könnte! Gewiss, wir haben aus verschiedenen Gründen ein staatliches Bildungsmonopol und als Eltern kaum noch Einfluss auf Unterrichtsinhalte und Lehrmethoden. Doch das, was wir als Eltern tun können und müssten, um die Phantasie unserer Kinder anzuregen, um dem Einfluss zumeist nichtgläubiger Pädagogen entgegenzuwirken und zum Glauben hinzuführen, das unterbleibt in den allermeisten Fällen. Wir sind als Eltern gefordert, aber, immer dieses verflixte Aber! Aber wir haben doch keine Zeit, weil wir so beschäftigt sind! Aber wir müssen doch beide arbeiten und für die Zukunft vorsorgen! Aber man muss sich doch in all dem Berufsstress auch mal was leisten können! Aber haben wir nicht auch ein Recht auf vier Wochen Urlaubssonne?!

Das kann ja alles so gesehen werden, und dennoch ist es nicht in Ordnung. Denn Ausreden nützen nichts, wenn es um das Wohl der Kinder geht. Und das hat meiner Meinung nach viel mit dem Seelenheil und mit dem Glauben zu tun. Ich weiß, wovon ich rede. Ich lebe heute selbst auf einer Mittelmeerinsel und beobachte Familien im Urlaub. Viele dieser Kinder sind von ihrem Dasein geprägt und können auch hier das typische Verhalten von Schlüsselkindern nicht ablegen. Was die Kinder dafür können? Nichts. Aber ihre Eltern. Auch wenn ich deren alltägliche berufliche Zwänge verstehe, so ist ebenso unbestritten, dass nur die Eltern durch das, was sie ihren Kindern vorleben, Einfluss zum Guten nehmen können.

Ein typischer Fall ist der, den mir jüngst ein Freund erzählte, der aus Alicante zu Besuch gekommen war. In seiner Nachbarschaft wohnt ein Mann, der Berlin aus beruflichen Gründen verlassen hatte. Mit ihm lebt sein 13-jähriger Sohn; die Mutter ist vor vier Jahren verstorben. Statt seinen Sohn zu erziehen, legt der Vater dem Filius alles in Form von Geld bereit, damit andere dessen Bedürfnisse befriedigen. Doch dessen Hunger nach Liebe oder wenigstens menschlicher Nähe wurde nicht gestillt. Nach außen hin spielt er den Mini-Rambo, lässt sich eine Glatze scheren und markiert den Militärnarren. Dem Vater ist das egal, der widmet seine ganze Aufmerksamkeit seinen Geschäften. Vor kurzem kam er zu meinem Freund und gab ihm Geld, damit er dem Junior, der am nächsten Tag Geburtstag hatte, einen Motorroller kaufen kann. Du meine Güte, was ist das für eine verantwortungslose Erziehung! Welche Lebenschancen kann ein solches Kind schon haben? Ihm steht ein endloser seelischer Leidensweg bevor, auch wenn es an Materiellem vermutlich nicht mangeln wird. Gerade deshalb wird der Junge nie selbstständig werden. Es war ja immer alles da. Vater hat sich seine Ruhe ja immer erkauft. Und wenn der Junge zwanzig oder älter sein wird, wird der Senior vielleicht erkennen, was er angerichtet hat und sein schlechtes Gewissen, das er vermutlich nie loswerden kann, mit einem Packen Geldscheinen beruhigen.

Mammon regiert die Welt und uns, wenn wir es zulassen. Das Studium aktueller Börsenkurse ist vielen wichtiger geworden als beispielsweise die Gutenachtgeschichte für ihre Kinder.

Vielleicht wollen Sie jetzt das Buch zuklappen. Vielleicht fragen Sie sich, was will der Drevermann von mir? Ich will fast gar nichts. Nur aufmerksam machen auf Dinge, die viele schon gar nicht mehr wahrnehmen. Und von mir erzählen. Wie es mir erging, wie ich geführt wurde und warum für jeden von uns der Weg zurück zu Gott möglich und segensreich ist. Auch wenn das nicht im Trend liegt. So denke ich mit Schaudern an die Vereidigung des Kabinetts Schröder. Einzig Verteidigungsminister Scharping schwor: »So wahr mir Gott helfe.« Vermutlich nur, weil es in der Eidesformel seiner Soldaten so heißt. Inzwischen gibt es übrigens innerhalb der Regierungsparteien Überlegungen, das Wort »Gott« ganz aus der Präambel des Grundgesetzes zu streichen. Weil der Bezug auf unseren Schöpfer angeblich nicht mehr zeitgemäß sei ...

5
Wie ich mich an der kleinen giftigen Chefköchin rächte

Für einen Lümmel auf der letzten Bank – wie ich nie einer gewesen bin – mögen Schuljahre auch tolle Jahre sein. Meine Schulzeit war keineswegs vergnüglich. Ich wurde schon als Fünfjähriger eingeschult. Das war einfach zu früh. Als Kind kleiner Leute war ich nicht mit Büchern aufgewachsen und wusste viele Jahre nicht, was ich eigentlich in der Schule sollte. Ich hatte hinzugehen, basta. Also saß ich meine Zeit ab als ein sehr ängstliches und hochgradig sensibles Kind, zu dem die Lehrer keinen Zugang fanden. So wie ich mit dem Lehrstoff nichts anzufangen wusste. Ich konnte dem Unterricht zwar folgen, bekam aber immer schlechtere Noten, weil ich aus Angst bei Klassenarbeiten und anderen Prüfungen regelmäßig versagte. Übrigens auch aus Angst vor unserem, im wahrsten Sinne des Wortes schlagfertigen Rektor, der im dritten und vierten Schuljahr mein Klassenlehrer (und übrigens ein Klassenkamerad meines Vaters) war. Vor dem hatte ich wahnsinnige Angst. Heute weiß ich, dass das demotiviert und zu noch schlechteren Lernergebnissen führt.

Das Einzige, was mir Spaß gemacht hat, war Religion. Ich war da mittendrin in den wunderschönen Geschichten. Leider reichte das nicht für eine weiterführende Schule, und so hangelte ich mich mehr schlecht als recht durch die Volksschule in Bochum-Riemke.

Dann zogen wir nach Bochum-Mitte, weil meine Eltern dort die »Gloria-Schänke« übernahmen. So verbrachte ich

5 Wie ich mich an der kleinen giftigen Chefköchin rächte

die letzten drei Klassen auf einer anderen Schule. Glücklicherweise bekam ich einen liebevollen, einfühlsamen Lehrer, der sich auch mit mir sehr viel Mühe gab. Von nun an ging es bergauf. Es geschah, worauf ich jahrelang gehofft hatte. Ich gehörte zu den Klassenbesten. Meine Lieblingsfächer waren nun Mathematik, Raumlehre und Naturkunde. Die Schule gefiel mir auf einmal, ja, machte sogar Spaß. So kam es, dass ich meine Schulzeit mit guten Noten beenden konnte.

Doch was nun? Ich wollte Koch werden. Schon in jungen Jahren hatte ich in der Kneipe, die meine Mutter betrieb, mitgeholfen. Damals standen in den Wirtschaften kleine Vitrinen. Da waren gebratene Koteletts drin und Mettwürstchen, gekochte Eier mit etwas Mayonnaise und Kaviar, Frikadellen und ähnliche Kleinigkeiten. Mir hatte es immer Spaß gemacht, die Sachen anzurichten und auch mal die Koteletts zu braten. Warum also nicht Koch lernen?

Mein Vater sah das anders. Er war früher Bergmann und wurde dann zum Bürokaufmann umgeschult. Er hielt überhaupt nichts von meinem Berufswunsch und redete ständig vom Büro, von den Vorteilen eines kaufmännischen Berufes und der sorgenfreien Zukunft als städtischer Beamter. Als Vierzehnjähriger könne man noch gar keinen Beruf auswählen. Zumal ich noch gar nicht wissen konnte, wie schwer das Leben und wie wertvoll Sicherheit sei. Na ja. Ich hielt von dem väterlichen Ansinnen überhaupt nichts, stimmte aber als braver Sohn einem Kompromiss zu: zwei Jahre Handelsschule, und danach konnte ich Koch werden, falls ich das dann immer noch so gern wollte.

Die Handelsschule war gar nicht so übel, bis auf den Englischunterricht. Den hab ich gehasst wie die Pest. Kleine Ursache, große Wirkung. Ich hatte wegen einer Krankheit die ersten Stunden verpasst. Und als ich wiederkam, hatten

5 Wie ich mich an der kleinen giftigen Chefköchin rächte

die anderen einen Vorsprung, den ich auch deshalb kaum aufholen konnte, weil mir Fremdsprachen sowieso nicht lagen. Und unsere Lehrerin, eine betagte Autoritätsperson, holte ausgerechnet mich des Öfteren an die Tafel. Anschreiben und laut vorlesen. Ich kam mit der Aussprache nicht zurecht. Was besonders die Mädchen in der Klasse zum Gackern brachte und mich sehr einschüchterte. Da hatte ich schnell die Lust am Englischunterricht verloren. Und verbrachte während zweier Jahre die Englischstunden im Bochumer Hauptbahnhof, genauer: im Bali-Kino, das rund um die Uhr Filme zeigte. An bestimmte Streifen erinnere ich mich nicht mehr. Ich weiß nur noch, dass ich mich immer öfter ins Dunkle des Kinos verkrümelte.

Nach der Handelsschulzeit war für mich endlich der Weg in die Küche frei. Dass meine Lehrzeit im »Schlegel-Bräu« kein Zuckerschlecken war, lag an der Chefköchin, einer kleinen, giftigen Person und (wiederum wörtlich) durchschlagenden Fachkraft. Wenn ihr etwas nicht passte, schlug sie zu. Selbst die Gesellen bekamen die Hucke voll. Und wenn es mit der Bratpfanne war. Heute ist das sicher kaum mehr vorstellbar.

Bei dieser Cholerikerin konnte ich nichts lernen, zumal sie von den drei Lehrlingen im Betrieb ausgerechnet mich auf dem Kieker hatte. Ich wollte so gern Saucier werden, doch ich durfte nicht an den Ofen. »Vielleicht im nächsten Jahr, dann werden die Plätze gewechselt«, wurde ich ständig vertröstet und in die kalte Küche geschickt. Am liebsten teilte sie mich für den Schrubbdienst ein.

Ab 15 Uhr war die Küche zu. Um 17.30 Uhr kamen die Gesellen wieder für das Abendgeschäft, und in der Zwischenzeit hatte ich die Küche klar zu machen. Fritteusen säubern, Fette auswechseln, Fischkisten schrubben. Damals gab es ja noch keine Gefrierschränke, sondern richtig große

5 Wie ich mich an der kleinen giftigen Chefköchin rächte

Kühlräume. Damit das Fleisch keinen Fischgeruch annehmen konnte, wurden die Fische mit Eisbrocken in riesigen Kisten in den Kühlräumen gelagert.

Eines Tages ranzte sie mich wieder an: »Haste die Fischkisten sauber? Ja? Na, dann komm mal mit!«

Dann fuhr sie mit dem Zeigefinger die Innenseite der Kiste entlang, schnüffelte und schrie: »Was soll denn das?!« Und schon bekam ich dermaßen eine geschallert, dass ich in die Kiste fiel. Das war zu viel des Guten. Das Maß war voll, und ich sann auf Rache. Egal, was danach passieren würde.

Zwei Tage später musste ich wieder die Fritteusenfette auswechseln. Nun wusste ich, dass die Chefköchin überaus neugierig war. Stellte irgendjemand etwas ins Kühlhaus, guckte sie sofort nach, was da im Pott war. Und weil sie so klein war, sprang sie stets am Regal hoch und kippte die Eimer kurz an, um hineingucken zu können. Also habe ich den Eimer mit dem Altfett ins oberste Regal gestellt und mich getrollt. Ich brauchte nur zu warten …

Den Schrei werde ich meinen Lebtag nicht vergessen. Sie kam aus dem Kühlraum geschossen und sah aus wie eine Gewitterhexe, völlig verklebt und verschmiert. Sofort rannte sie in ihre Umkleidekabine, dann unter die Dusche, dann kam sie angezogen raus und stürmte fluchend zum Frisör. Alle fanden das toll und applaudierten. Drei Stunden hatten wir Ruhe vor dem Giftzwerg.

Wie das Leben so spielt: Nachdem ich in Costa-Torrox mein erstes Restaurant eröffnet hatte, stand eines Tages einer an der Theke und fragte:

»Wo kommst du denn her?«

»Aus Bochum.«

»Ah ja, ich aus Gelsenkirchen.«

Der Gast weiter: »Haste Koch gelernt?«

»Ja, hab' ich.«

5 Wie ich mich an der kleinen giftigen Chefköchin rächte

Gast: »Hm, eine Tante von mir war Köchin.«
»In Gelsenkirchen?«
Gast: »Ne, die war in Bochum.«
»Oh, oh«, denke ich. Und: »Doch nicht etwa …«
Gast: »Wo hast du denn gelernt?«
»Im ›Schlegel-Bräu‹«, antwortete ich. »Da hatte ich eine Chefköchin. Das war so ein Besen, dass ich derentwegen die Lehre abgebrochen und im ›Humboldt-Eck‹ weitergelernt habe.«
Darauf er: »Ein Besen? Hm, meine Tante war Chefköchin im ›Schlegel-Bräu‹.«
»Hieß sie denn Kotschinski?«
»Ja, das ist meine Tante. Aber ich kann es nur bestätigen: Sie ist ein Besen. Ein Besen hoch drei!«

Dass ich dem »Schlegel-Bräu« den Rücken kehren konnte, verdankte ich einem Gesellen, der mit der Furie in der Küche auch nicht zurechtkam. Er hatte ins Restaurant »Humboldt-Eck« gewechselt und sprach mich eines Tages an.

»Du, ich hab mit dem Chef gesprochen«, lautete seine gute Nachricht. »Der übernimmt den Lehrvertrag, wenn du willst. Dann bist du wieder bei mir.«

»Aber meine Eltern werden kaum damit einverstanden sein.«

»Ich rede mit ihnen«, versprach er und tat es auch. Alles lief bestens in der neuen Umgebung. Ich durfte nicht nur an die Saucen, ich erhielt auf allen Gebieten eine Top-Ausbildung. Der Chef nahm mich mit zum Einkauf und ließ mir – er hatte überall Beziehungen – auf dem Schlachthof alles zeigen. Ich war besonders gut im Zubereiten von Wildspezialitäten, und wenn es ans Schnitzelschneiden ging, durfte nur ich ran.

5 Wie ich mich an der kleinen giftigen Chefköchin rächte

Die Gaststätte befand sich im Gewerkschaftshaus, da waren mittags im Abo rund fünfhundert Essen zu machen. Also besorgte der Chef hundert Oberschalen von der Schweinekeule und sagte mir, dass ich 120-Gramm-Scheiben schneiden sollte. Ich brauchte dann nur mit dem Messer einmal längs zu ziehen, und dann waren es 120 und keine 119 oder 121 Gramm.

Nach der Koch-Ausbildung im »Humboldt Eck« blieb ich dort. Der Beruf machte mir sehr viel Spaß. Keine Stunde Mehrarbeit war mir zu viel. Drei Jahre lang führte ich ein zufriedenes und geregeltes Leben, bevor die Turbulenzen meiner Biographie begannen.

6
Am Steuer und doch kein Kapitän

Mit 21 Jahren wurde geheiratet, ein Jahr später kam Sohn Ralf zur Welt. Kurz darauf erkrankte ich an Hepatitis. Das war das berufliche Aus, denn mir wurde vom Gesundheitsamt wie in allen solchen Fällen für sieben Jahre jedwede Tätigkeit in Verbindung mit Nahrungsmitteln untersagt. Oft dachte ich in dieser Zeit an die Worte meines Vater und sein Loblied auf das Beamtentum.

Was konnte ich nun tun? Wie sollte ich meine junge Familie über die Runden bringen? Ich hatte während meiner Bundeswehrzeit den LKW-Führerschein gemacht. Und so bewarb ich mich bei einer Spedition als Fernfahrer. Drei Jahre lang verbrachte ich praktisch Tag und Nacht auf der Autobahn. Ich sehe heute noch, wenn ich Ortsnamen in Staumeldungen höre, jedes Schild der nächstmöglichen Ausfahrt vor mir.

In jener Zeit passierte die Geschichte mit Otto. Richtiger, sie passierte ihm. Otto war mein Freund und Kollege, mein Spannmann im Fernverkehr. Er hatte Familie wie ich und war ein treu sorgender Vater. Die ganze Woche waren wir auf Achse, kehrten Samstagmittag nach Hause zurück und mussten Sonntagabend wieder los. An so einem freien Wochenende kam es knüppeldick für Otto. Damals gab es ja noch Lohntüten, und es war für uns normal, die und einen Teil unseres Spesensatzes unseren Ehefrauen abzuliefern. Die hatten schließlich in unserer Abwesenheit alles zu erledigen und zu bezahlen. Bei mir klappte das, bei Otto nicht.

6 Am Steuer und doch kein Kapitän

Um die Mittagszeit klingelte das Telefon. Otto, total verstört, rief um Hilfe. Der Gerichtsvollzieher sei im Haus und auf der Straße stehe der Möbelwagen. Zwangsräumung! Seine Frau hatte ein halbes Jahr die Miete nicht bezahlt. »Ich hab davon nichts gewusst. Bitte hilf! Meine Kinder …«, stammelte Otto. »Was soll aus ihnen werden? Man will uns in ein Quartier für Sozialhilfeempfänger umsiedeln. Bitte komm und hilf!«

Es berührte mich sehr, zumal ich seine Kinder kannte und wusste, wie sehr sich Otto um sie gekümmert hatte. Aber wie konnte ich denn helfen? Ich war Alleinverdiener, und wir hatten nur einen Notgroschen von zweitausend Mark. Sollte der geopfert werden, um in erster Linie seinen Kindern zu helfen? Das konnte ich nicht allein entscheiden. Ich erzählte meiner Frau, was passiert war. Wir fuhren los, um uns vor Ort zu informieren.

Was für ein trauriger Anblick! Ein fassungsloser Vater. Völlig verwirrte Kinder, die überhaupt nicht verstanden, was da geschah. Wildfremde Leute überall, ein Möbelwagen vor der Tür, in den ihre Sachen geräumt werden sollten. Und der Vater, hilflos, wie ich ihn noch nie erlebt hatte. Die Mutter saß teilnahmslos in der Küche. Sie hatte verantwortungslos gehandelt und die traurige und zugleich angespannte Situation heraufbeschworen.

Nur eine schnelle, spontane Entscheidung konnte das Schlimmste verhindern und das große Leid lindern, das über Ottos Familie gekommen war. Nach einem langen Gespräch mit dem Gerichtsvollzieher erklärte der sich bereit, die Zwangsräumung abzubrechen, wenn wir ihm unser Sparbuch, da ja Wochenende war, als Pfand mitgäben. Am Montag solle dann meine Frau mit ihm zur Bank gehen und Ottos Schuld begleichen. So geschah es dann auch.

Otto war für mich ein wunderbarer Freund und Kollege.

Ich erlebte ihn tagtäglich bei der Arbeit und kannte ihn besser als jeder andere. Ich wusste, dass unsere Hilfe nur ein Tropfen Medizin für die Wunde war, die er im Herzen trug. Noch viele Monate fuhren wir zusammen. Es dauerte lange, bis die Wunde vernarbte. Umso mehr freuten wir uns im Nachhinein, dass seine Frau sich ihrer Aufgaben erinnerte und eine gute Mutter und Ehefrau wurde. Die Leihgabe wurde innerhalb eines Jahres zurückgezahlt.

Der LKW-Zeit folgten zwei Jahre am Steuer von Reisebussen, und wiederum sah ich fremde Herbergen öfter als das eigene Zuhause. Ich fuhr Schulbus, kutschierte Kaffeekränzchen durch die Region, brachte Ferienkinder nach Österreich und Reisegruppen ans Skagerak.

Dann heuerte ich erneut bei einer Spedition an, diesmal in Velbert, um endlich öfter zu Hause sein zu können. Im Linienverkehr ging es mit 40-Tonnern durch die Lande. Zum Heinrich-Bauer-Verlag in der Burchardstraße in Hamburg. Dort mussten wir an dem blöden Fließband stehen und Zeitungspakete aufladen, das war vielleicht eine Knochenarbeit. Dann wurden die Paletten Richtung Ruhrgebiet gefahren und im Großraum Köln an Großhändler ausgeliefert. Für die Rücktour nahmen wir Ladung beim Bauer-Druck in Köln auf und brachten sie nach Hamburg zum Pressevertrieb Nord und all den anderen Abnehmern, die ich heute noch in stockfinsterer Nacht und bei dickstem Nebel finden würde.

Eines Tages sprach mich der Chef der Spedition an:

»Junge, das, was du hier machst, ist doch nichts für dich. Du hast doch zu mehr Grips im Kopf, als zum LKW fahren benötigt wird. Ich lern dich jetzt erst mal als Disponent an, und wenn du Spaß daran hast, dann machst du deine Prüfung nach und wirst Speditionskaufmann.«

6 Am Steuer und doch kein Kapitän

Ich kniete mich in die Sache rein und habe praktisch Tag und Nacht gearbeitet. Mir war es egal, ob ich mitten in der Nacht aus dem Bett geklingelt wurde, weil ein LKW liegen geblieben und kein Schlosser da war. Dann bin ich eben hingefahren und habe repariert. Oder es fehlte mal ein Fahrer, also übernahm ich die Tour. Ich machte nicht nur die Büroarbeiten, sondern war auch als Notnagel ständig im Einsatz.

Die ganze Plackerei würde sich eines Tages lohnen, hatte mir der Chef signalisiert. Da er kinderlos war, sollte ich, weil ich das Geschäft so schön mitaufgebaut hatte, erben. Wer hätte sich bei der Aussicht nicht ins Zeug gelegt?

Nach sieben Jahren der Plackerei jedoch legte jemand anders 3,5 Millionen als Kaufpreis auf den Tisch, und von Erben war keine Rede mehr. Er hätte doch für mich gut gesorgt und ich könnte doch weiterhin bei der Firma arbeiten, redete der Chef auf mich ein. Doch ich wollte nicht mehr. Ich war fix und fertig und bitter enttäuscht.

Viel Verständnis konnte ich leider auch bei meinen Eltern nicht erwarten. Ich hätte doch nun was gelernt und es gäbe noch zig andere Speditionen, die auf mich warten würden, lagen sie mir in den Ohren.

Ich aber wollte mit Speditionen nie wieder was zu tun haben. Hatte ich denn Tag für Tag das Büro ertragen, damit die Tretmühle von neuem anfängt? Hatte ich meine kleine Familie die ganze Zeit über Wasser gehalten, damit sich das nie bessert?

7
Irrungen und Wirrungen

Vielleicht hätte ich »Venturi« bis heute für einen italienischen Radrennfahrer gehalten. Doch dann wurde ich nach der Speditionszeit Verkaufsleiter einer Firma, die Industriestaubsauger herstellte. Die Geräte arbeiteten nach dem so genannten Venturi-Prinzip mit einem Druckluftanschluss und konnten sogar Wasser aufsaugen. Eine tolle Sache, und die Geschäfte liefen gut.

Eines Tages wurde ich von der Firmenleitung auf meine spanische Verwandtschaft angesprochen. Man wolle auch im Süden Geschäftsbeziehungen knüpfen, und vielleicht könne ich dabei hilfreich sein. Ich sagte zu, ohne zu ahnen, dass mir wieder eine mehrmonatige Trennung von der Familie bevorstand.

Ich rief meinen Schwager in Sevilla an: »Wir haben hier einen Artikel, der in Deutschland sehr gut läuft. Den kennt keiner in Spanien.«

»Hört sich interessant an«, meinte mein Schwager. »Im Großraum Sevilla gibt es ja reichlich Industrie. Wir sollten es versuchen. Komm doch her.«

Im trügerischen Vertrauen auf seine Unterstützung besorgte ich die gesamte Palette an Vorführgeräten. Wir mieteten uns in Uelva, 180 Kilometer von Sevilla entfernt, einen Bungalow und zogen von dort morgens um acht los, um die Firmen abzuklappern. Man interessierte sich für unsere Maschinen, und ich war schon fast sicher, dass wir ins Geschäft kommen würden.

7 Irrungen und Wirrungen

Eines Tages stellte mir mein Schwager einen Spanier vor, der perfekt deutsch sprach. Dieser Pedro wäre doch genau der richtige Mitarbeiter, meinte er. Nachdem ich den an gelernt hatte, wusste ich, was mein Schwager wirklich im Sinn hatte: nämlich nichts zu tun. Sollte doch seine Frau mit Nachtschichten im Krankenhaus weiterhin die Familie ernähren, und ich würde ihn ja nicht brauchen, dafür wäre schließlich Pedro da. Also konnte er in Ruhe weiterhin abends spanischen Wein genießen und tagsüber ausschlafen.

Ich sah schon wieder meine Felle davonschwimmen. Da ich kein Spanisch konnte, musste ich mich auf Pedros Verkaufskünste verlassen. Pedro wiederum verstand meine Ungeduld überhaupt nicht. Ich versuchte erst gar nicht ihm zu erklären, dass ich meiner deutschen Firma unbedingt beweisen wollte, dass ich den spanischen Vertrieb auf die Beine stellen könne.

Kurzum, nach einem halben Jahr brach ich meine Zelte in Sevilla ab und kehrte nach Hause zurück.

Bald darauf begann der nächste Versuch, ein auskömmliches Einkommen zu sichern. Ich lernte Gerald kennen. Er kam aus dem EDV-Bereich der Lufthansa und überzeugte mich, eine Computerfirma zu gründen. Ehe ich mich versah, hatte ich 25 000 Mark Schulden am Hals, nämlich das Grundkapital für meine Hälfte der neuen GmbH.

Auch diesmal begann alles viel versprechend. Wir beschäftigten einen Programmierer für APL-Programme, die in jener Zeit für Konstruktionsberechnungen sehr beliebt waren. Ich besuchte große Firmen und holte gute Aufträge rein. So lieferten wir an Opel und führten für die Lufthansa Personalschulungen durch.

Der Haken an der Sache war Gerald, denn der hielt sich mehr in der Kneipe gegenüber als in unserem Geschäft auf.

7 Irrungen und Wirrungen

Und als er noch eines Tages einen gewissen Winkelmann anbrachte und diesen als Verkaufskanone einstellte, ging es deutlich bergab. Die beiden mussten ständig am Tresen angeblich Geschäftliches besprechen. Was wir am einen Tag einnahmen, setzten sie anderntags bei ihrem Lieblingswirt um. Ich hatte das Gefühl, gegen Windmühlen zu kämpfen. Und sah, wie unser Minus ständig wuchs.

Aus meiner Sicht war das Unternehmen nicht mehr zu retten. Ich stellte die beiden zur Rede, wurde aber nur vertröstet. Sie würden das schon hinbiegen und dafür sorgen, dass Geld in die Kasse kommt.

Ja, aber wie!

Zwei Tage später kam ich in unseren Schulungsraum. Gähnende Leere! Was nur Gerald wusste, war, dass IBM den Hahn zugedreht hatte und an uns nichts mehr lieferte. Also konnten wir auch an unsere Kunden keine Geräte mehr verkaufen. Um mich zu beruhigen, mussten die beiden Hallodris aber Geld herbeischaffen. Und so verhökerten sie unsere zwanzig geleasten Schulungs-PCs an die nichts ahnende Adam Opel AG.

Im Grunde haben sie mir damit einen Gefallen getan. Denn nun war das Maß voll. »Pass mal auf«, sagte ich zu Gerald in unmissverständlichem Tonfall. »Dein Saufkumpan geht jetzt sofort mit mir zur Bank und übernimmt meine Schuld. Morgen seid ihr beide beim Notar, dann wird der Kumpan als Mitgeschäftsführer eingetragen, und ich bin raus.«

Widerstand war zwecklos. Sie taten wie befohlen, weil ich ihnen klar machte: »Noch bin ich Geschäftsführer. Solltet ihr meinen Vorschlag ablehnen, dann seht ihr mich nie wieder. Ich melde gleich morgen betrügerischen Konkurs an. Dann seid ihr fällig. Ihr habt die Dinger verscherbelt, nicht ich!«

7 Irrungen und Wirrungen

Wiedergesehen haben die mich trotzdem nicht mehr. Erneut wurde ich sehr enttäuscht. Ich war fertig mit LKW, mit Staubsaugern und mit Computern. Ich wollte nur noch weg.

Nachdem sich die innere Unruhe etwas gelegt hatte, dachte ich daran, wieder in meinen ursprünglichen Beruf zurückzukehren. Wieder das zu tun, was mir Freude macht. Aber wie? Wer gibt schon jemandem eine Chance, der seit Jahren nicht mehr in der Gastronomie tätig gewesen ist? Der die aktuellen Trends der Branche höchstens als Gast, also als Außenseiter kennt?

Wir beratschlagten lange und erinnerten uns an unseren letzten Urlaub in Torrox-Costa. Da hatten wir Salvador kennen gelernt, einen Wirt, der gerne seine Gaststätte verpachten wollte. Wir riefen ihn an und fragten nach. Ja, das sei noch aktuell. Er gab uns sein Wort, auf uns zu warten.

Innerhalb weniger Tage packten wir unsere Sachen und machten uns auf den Weg nach Spanien. Was für Aussichten! Ein neues Leben unter strahlender Sonne!

8
Gott hat jedem von uns einen Schutzengel mitgegeben

Und es ging wirklich aufwärts. Unser Restaurant entwickelte sich prächtig, wurde vor allem von den deutschen Touristen gerne besucht. Drei Jahre lang schien auch für mich und meine Familie die Sonne. Dann aber kam der Tag, den ich eingangs geschildert habe und der unser Leben völlig auf den Kopf stellte. Die schönen Zeiten waren vorbei, ich war in eine Katastrophe geschliddert …

Existenz verloren. Familie verloren. Und plötzlich mit unerklärlichen Fähigkeiten und vielfältigsten Leiden vieler Hilfesuchender konfrontiert.

Viele unter ihnen sind voller Mut und Zuversicht, dass ihre Krankheit gelindert oder geheilt werden kann. Andere kommen zu mir mit der Vorstellung, dass man Gesundheit kaufen könne. Auf Kassenrezept oder aus der eigenen Tasche. Man kauft, also haben die anderen zu liefern. Dabei haben diese Menschen vergessen oder verdrängt, dass nicht der Mensch entscheidet, ob gelindert oder geholfen werden darf. Weder der Arzt noch der Heilpraktiker, weder ich noch sonst irgendjemand. Wie sollte ein kleiner Mensch entscheiden können, was dem himmlischen Vater obliegt. Nur unser Herrgott kennt jede einzelne Seele. Er allein weiß, wie sie beschaffen ist und was ihr gut tut. Er allein kennt unseren Lebensweg, für den wir uns eines Tages entscheiden.

Das ganze Leben ist eine Gratwanderung. Gehen wir den guten Weg, den Weg der Liebe und des Glaubens? Entscheiden wir uns für den Weg des Bösen? Oder sind wir gar gleichgültig und wählen den Weg des geringsten Widerstandes? Warum nicht mit den Wölfen heulen, solange es uns dabei gut geht? Wir alle kennen solche Menschen. Vom Typ her weder Fisch noch Fleisch, aber allwissend. Auf alle Fragen haben sie eine Patentantwort. Besonders, wenn es um den Herrgott und unsere Stammkirchen geht, führen sie einen Katalog von Negativbeispielen an. An allem sei Gott schuld. Er, der Allmächtige, lasse zu, dass Kinder verhungern, dass Kriege und Verfolgungen geschehen. Er habe ja schließlich alles geschaffen, also auch uns, und ist dafür verantwortlich. So einfach ist das! Und erst die Kirchen. Was haben die im Laufe der Jahrhunderte nicht alles getan und was haben sie nicht alles unterlassen. Und überhaupt der Papst, wie kann er nur dieses tun und wie kann er nur jenes unterlassen ...

Mit Schuldzuweisungen aller Art sind Menschen schnell bei der Hand. Was ja auch viel einfacher und bequemer ist, als bei sich selbst zu beginnen. Als das eigene Verhalten zu überdenken und sich Gedanken zu machen, wie man selber mithelfen könnte, Schmerzen zu lindern oder Hunger zu stillen. Sollen das doch Behörden oder Kirchen tun, dafür sind sie schließlich da. Nach dem Motto: Aus meiner eigenen gemütlichen Gleichgültigkeit lasse ich mich nicht reißen. Aber mein Mitspracherecht und meine Kritik lasse ich mir nicht nehmen.

Arme Menschen! Sie fühlen sich sicher und geborgen in der kleinen Welt, die sie sich geschaffen haben. Alles ist geregelt, die Zuständigkeiten sind verteilt und Schwierigkeiten bringt man mit einem Scheck in Ordnung. Kann man das wirklich meinen und auf Dauer so leben?

Dass Menschen meinen, es gäbe ein finanzielles Bezugsrecht auf Gesundheit, habe ich immer wieder erlebt. Auch in diesem Bereich ist ja alles geregelt. Die Krankenkassen erhalten unsichtbar ihre Beiträge, Ärztebesuche sind scheinbar kostenlos und nur, wenn bei Medikamenten zugezahlt werden soll, murrt das Volk.

Wenn ich also bei Drevermann etwas zahle, dann hat er mich gefälligst gesund zu machen! Diese Denkweise irritiert mich nach Jahren immer noch; als persönliche Attacke habe ich es nie empfunden. Aber diese Auffassung macht mich sehr traurig. Denn der, der Hilfe suchte und glücklicherweise auch fand, will nur selten anerkennen, dass er mit seiner Gesundheit, seinem höchsten Gut, ein großes Geschenk Gottes erhielt.

Ich weiß, es ist für viele Menschen schwer, eingestehen zu müssen, dass es Dinge zwischen Himmel und Erde gibt, die unser Verstand nicht erfassen kann. Zu sehr sind wir daran gewöhnt, logische Zusammenhänge zu suchen und verständlichen, also verstandesgemäßen Regeln zu folgen. Was ja im Prinzip richtig ist und im Alltag oft hilfreich sein kann.

Doch dann geschieht etwas Unvorhersehbares. Plötzlich ist jemandem geholfen worden, bei dem zuvor alle ärztliche Kunst versagt hatte. Nun fehlen die Worte, das Wundersame zu erklären. Es ist etwas geschehen, von dem man noch nie gehört hat. Es ist also etwas Unerhörtes passiert. Demjenigen, dem so etwas widerfahren ist, gehen plötzlich vielerlei Fragen durch den Kopf.

Muss ich denn nun mein Weltbild auf den Kopf stellen? Muss ich jetzt dankbar sein? Oder was will diese unbekannte innere Stimme von mir, die mich mahnt: »Du musst wieder regelmäßig in die Kirche, zu den Sakramenten, deinen christlichen Verpflichtungen wieder nachkommen!«

Fragen über Fragen. Hätte ich das nur vorher gewusst! Hätte, hätte! Wäre ich dann etwa gar nicht krank geworden? Sollte etwa meine kranke Seele ihren desolaten Zustand auf meinen Körper übertragen haben? Mit solchen Fragen kommt oft eine Verunsicherung. Bisher war die Welt ja halbwegs in Ordnung. Aber nun? Ich habe das Gefühl, ich muss wieder dankbarer sein. Wie schrecklich! Sollte es vorbei sein mit dem schönen und bequemen Leben am Sonntagmorgen? Vom Wochenstress erholen, ausschlafen und vielleicht gemütlich im Bett frühstücken?

Die innere Stimme mahnt beständig. Erst leise und dann immer deutlicher. Über das, was wir da vernehmen, sollten wir nicht erschrocken oder verärgert, sondern dankbar sein. Denn das kleine Sprachrohr in unserer Seele ist unser Gewissen. Unser liebevoller himmlischer Vater bittet uns, zu ihm zurückzukehren. Er, unser Vater, bittet seine Kinder. Wir haben uns von ihm entfernt. Er aber bittet, dass wir zu ihm zurückkehren. Welch eine Liebe, welch eine Größe, welche Weisheit, welche Herrlichkeit, welche Barmherzigkeit! Oft genug lassen wir uns vom Bösen zu meist flüchtigen Erlebnissen verleiten, obwohl unsere innere Stimme davor warnt. Es wird Zeit, dass wir ihr folgen.

Gott lässt sich von uns finden, wenn wir ihn von ganzem Herzen suchen. Ich möchte Ihnen Mut machen, auf Ihre innere Stimme zu hören. Geraten wir in dieses Wellenbad der Gefühle, hat uns schon die große Gnade Gottes erreicht. Er hat uns verziehen und fordert uns zur Umkehr auf. Er kommt uns wieder einmal entgegen, damit wir den Weg nach Hause finden, damit wir uns auf unserem langen und gefährlichen Lebensweg nicht mehr verirren.

Für diesen Lebensweg hat er uns die wunderbarsten und qualifiziertesten Reiseleiter an die Seite gestellt: unsere Schutzengel. Die gibt es gar nicht? Und ob es die gibt! Selbst die Ungläubigsten haben schon solch brenzlige Situationen erlebt, dass sie sich hinterher fragten, wie viele Schutzengel da am Werk gewesen sein mögen. Man denke nur an Bilder von Autounfällen, die eigentlich niemand hätte heil überstehen können, und doch erlitten die Insassen nur kleinere Verletzungen. Oder erinnern wir uns an Zeitungsmeldungen, nach denen Kinder unversehrt einen Sturz aus einem hochgelegenen Fenster überlebten. Ja, es gibt sie, die Schutzengel.

Wir sollten täglich mit unserem Schutzengel sprechen und ihn bitten, auf uns aufzupassen. Und ihn beauftragen: Bete heute mit mir. Oder: Trage meine Gebete zum Herrgott. Oder: Geh mit dem Schutzengel des Kranken, der vor mir liegt, zur Heiligen Mutter und erbitte ihre Hilfe, Gnade und Barmherzigkeit.

Schutzengel müssen ja nicht immer parat sein. Aber man kann sie bitten, und dann werden sie auch gerne tätig. Sind die Bitten mit reinem Herzen und ohne Hintergedanken, also nicht im Hinblick auf eigene Vorteile vorgetragen, dann werden sie auch erfüllt. Irgendwann, Sie werden erstaunt sein, wird ein Wunsch, eine Fürbitte erfüllt. Bitte glauben Sie mir. Das sind Erfahrungen, die ich gemacht habe und die ich einfach weitergeben muss. Das gehört zu meiner Aufgabe, zu meiner Berufung, ja, zu meinem Apostolat.

9
Mein Kreuz

Bald nachdem ich bei meinen Eltern in Velbert Unterschlupf gefunden hatte, deckten sie mich mit guten Ratschlägen ein. Rolf, mach doch dies, Rolf, tu doch das und bedenke jenes. Irgendwann wollten sie auch wissen, was ich denn in Zukunft machen wolle. Zum x-ten Mal versuchte ich, so gut ich konnte, die mir von Gott gegebenen Fähigkeiten zu beschreiben. Ich erklärte, dass ich sie für mich akzeptiert hatte, und betonte nochmals und eindringlich, dass ich den mir vorbestimmten Weg gehen muss. Das Verständnis meiner Eltern hielt sich in Grenzen. Mir war längst klar, dass ich ausziehen musste. Was leichter gesagt als getan war.

Ich erinnerte mich an viele Menschen, die mir in Torrox ihre Unterstützung zugesagt hatten. Zu ihnen gehörte auch Alfred Kaup, dessen Frau ich in Spanien von einer Sonnenallergie befreien durfte. Sie hatten mir spontan angeboten: »Solltest du in Deutschland mal Hilfe brauchen, dann ruf uns einfach an.«

Ich rief das Ehepaar an. Sie standen zu ihrem Wort und luden mich zu sich nach Hause in Warendorf ein. Ich erzählte von meinem Schicksal. Für die Kaups war es unverständlich, dass ausgerechnet meine besonderen positiven Fähigkeiten meine Familie auseinander gebracht hatten. Sie erkannten sofort, dass ich, um eigene Wege gehen zu können, nicht unter dem elterlichen Dach bleiben durfte. Sie boten mir spontan ein Appartement in ihrem Haus an. Eine großzügige und selbstlose Offerte, die ich von Herzen dankend annahm.

Die Kaups, eine Familie mit sehr gutem Ruf, betreiben in Warendorf ein Fotoatelier. Zusätzlich versorgte Alfred schon damals die örtliche Tageszeitung mit aktuellen Fotos. Und da er einen großen Bekanntenkreis und jeder ja irgendein Gebrechen habe, so beruhigte er mich, solle ich mir mal keine Gedanken machen. Er würde schon von mir erzählen und ich würde mich bald vor Arbeit nicht retten können.

Es kam wie vorhergesagt. Von heut auf morgen waren meine Fähigkeiten gefragt. Viele Hilfesuchende erbaten Behandlungstermine bei Kaups. Denn auch die Behandlungen fanden in ihrem Haus statt. Über drei Monate war ich dort und durfte arbeiten. Sehr oft hatte ich das Gefühl, ihre Gastfreundschaft schamlos auszunutzen. Aber sie waren immer sehr nett, liebenswürdig und hilfsbereit. Man braucht sich ja nur einmal vorzustellen, wie kribbelig man wird, wenn man selbst nur eine Woche Besuch im eigenen Haus hat. Ich aber war nicht nur Dauerbesuch für viele Wochen, sondern brachte durch meine Arbeit zusätzlich unzählige Fremde ins Haus und den Lebensrhythmus meiner Gastgeber durcheinander. Mir war klar, dass sich das ändern musste.

Da war noch etwas anderes. Äußerlich schien ja alles ins Lot zu kommen. Ich hatte Hilfe gefunden, Zuneigung erfahren und war mit meiner Tätigkeit akzeptiert worden. Doch ich war irgendwie unzufrieden, verspürte ein inneres Rufen. Eine Stimme – nur so kann ich es beschreiben – sagte mir, dass das, was sich zum Guten gewendet hatte, nicht alles sein könne. Es war ein deutliches Rufen und ein starkes Verlangen nach etwas, was ich unter den Menschen nicht finden konnte. Es war, wie ich bald erkannte, meine Sehnsucht nach Christus.

Über all die Geschehnisse und das Bemühen, mein Leben wieder in den Griff zu bekommen, hatte ich unseren Herrn in den Hintergrund gedrängt. Er stand durch die Belastungen, denen ich ausgesetzt war, nicht mehr im Mittelpunkt. Ich funktionierte zwar wieder, doch um welchen Preis! Es war schlimm, mir einzugestehen, dass ich zwar in aller Not ständig nach unserem Herrn gerufen und ihn immer wieder gefragt habe: »Warum gerade ich?« Doch nun, wo es mir wieder besser ging, hatte ich mehr Termine als Gebete im Kopf. Als ich das erkannte, war ich sehr beschämt.

Ich ging sehr oft spazieren und dachte nach über mich und mein Seelenheil. Ich nahm das tägliche Gebet wieder auf und merkte, dass, wenn auch langsam, meine Seele wieder gesund wurde. Ich fand schnell zurück zur Heiligen Dreifaltigkeit, zu Gottvater, Sohn und zu Heiligem Geist. Es war schön, wieder die überwältigende Liebe Gottes im Herzen zu spüren. Ich war von ihr erfüllt. Ich war wieder wohl behütet und glücklich.

Auf meinen Spaziergängen durch Warendorf schaute ich mir alle möglichen Schaufenster an. Irgendwann stand ich vor der Auslage eines Juweliers. Inmitten der Ringe und Ketten lag ein kleines goldenes Kreuz mit dem Corpus Christi, das meine Aufmerksamkeit erregte. Ich spürte sofort, dass es zu mir gehörte. Aber was tun, wenn man achthundert Mark, mein letztes Geld, in der Tasche hat und das Kreuz allein sechshundert kosten sollte? Ich ging vor dem Schaufenster hin und her und überlegte. Dann entschied ich mich, das Kreuz zu kaufen. Ich entschied mich für Jesus. Denn ohne ihn war ich hilflos, ohne ihn ging es für mich nicht weiter. Dazu kam das Verlangen, mich öffentlich zu ihm zu bekennen, für alle meine Verbindung zu ihm sichtbar werden zu lassen. Jeder sollte an meinem Glück teilhaben. Übrigens, das Kreuz trage ich bis zum heutigen Tag bei mir.

Jetzt weiß ich, dass es damals die einzig richtige Entscheidung gewesen ist. Ich bin davon überzeugt, dass ich vor dem

Schaufenster des Juweliers – wie so oft in meinem Leben – eine Prüfung zu bestehen hatte. »Wie wirst du dich entscheiden? Für mich, deinen Lebensquell, oder für kurzweiliges Vergnügen, das der Mammon in deiner Tasche ermöglichen würde?« Ich bin heute noch sehr froh darüber, dass ich mich für Jesus und damit den Himmel entschieden habe. Nie habe ich die Entscheidung bereut. Sie hat, was ich damals noch nicht wissen konnte, meinen weiteren Lebensweg positiv beeinflusst und geprägt.

Apropos Entscheidung. Als ich den Kaups mitteilte, wie unwohl ich mich trotz ihrer fürsorgenden Gastfreundschaft fühlte und dass es für beide Seiten an der Zeit sei, dass ich eine neue, eigene Bleibe finde, spürte ich bei ihnen eine gewisse Erleichterung, dass ich auch ihre Lage richtig einschätzte.

10
Auf Wohnungssuche

Zu denen, die ich nach meiner Rückkehr nach Deutschland anrief und fragte, ob sie noch zu ihrem Hilfsangebot stünden, gehörte neben den Kaups die Familie Benders in Bielefeld. Auch sie hielt dankenswerterweise Wort. Und so lebte ich abwechselnd eine Woche in Warendorf und eine Woche in Bielefeld. Behandelt habe ich während dieser Zeit in verschiedenen Hotels. Das war aber keine gute Lösung. Dieses unstete Umherziehen und der ständige Wechsel der Umgebung brachten mehr Unruhe, als mir gut tat.

Anderen konnte und wollte ich nicht überlassen, was ich zu tun hatte. Es war ja mein Wohnungsproblem und mein Leben, das es zu regeln galt. Also machte ich mich auf den Weg zum Wohnungsamt. Und unterdrückte das mulmige Gefühl, das ich schon früher bei Behördengängen hatte.

Der Verwalter der Betonsilos war eigentlich sehr nett. Freundlich und hilfsbereit – im Rahmen seiner Vorschriften. »Bitte, Herr Drevermann, füllen Sie dieses Formular aus.«

Naja, das übliche Vorgehen von Ämtern. Kaum hatte ich den Fragebogen ausgefüllt und mein Gegenüber ihn durchgelesen, erhielt ich Fragen und Erläuterungen, die ich zwar akustisch verstand, aber doch nicht begreifen konnte. »Herr Drevermann, Sie haben doch ein paar Jahre in Spanien gelebt. Warum sind Sie nicht dort geblieben? Das wäre vielleicht besser für Sie gewesen.«

»Wie bitte? Wieso das denn?« wunderte ich mich.

»Weil ich Ihnen nicht helfen kann«, antwortete er. Und setzte mir in amtlichem Ton auseinander, warum: »Wir haben nur noch Wohnungen für Aussiedler. Alle Kapazitäten unseres Amtes sind für die reserviert. Es sind so viele, dass wir vor nicht allzu langer Zeit sogar Wohnwagen kaufen mussten, weil wir nicht mehr wussten, wie wir sie unterbringen konnten.«

Als ich ihn dann bat, mir doch wenigstens einen Wohnwagen zur Verfügung zu stellen, war es mit seinem Verständnis für meine Lage vorbei. »Tut mir Leid«, wurde mir beschieden. »Aber ich kann im Moment nichts für Sie tun.«

Willkommen in der Heimat, dachte ich beim Verlassen des Amtes. Als Deutscher hatte ich von dieser Behörde nichts zu erwarten. Ich sollte gefälligst sehen, wie ich irgendwie zurechtkam, oder es in anderen Gemeinden versuchen. Kein Wunder, dass ich mich erstmals fragte, ob wir für die Bürokratie da sind oder die für uns. Zumal bei labilen Charakteren ein solches amtliches Verhalten wie Öl auf das Feuer des Ausländerhasses wirken kann. Nein, nicht bei mir. Mich bringt niemand und nichts gegen andere Nationalitäten oder Hautfarben auf. Ich dachte eher, wie sehr doch von solchen Behördenmitarbeitern, gewiss ungewollt, die Liebe unter den Menschen auf eine harte Probe gestellt wird. Und ich fühlte mich wieder einmal auf üble Weise in meiner Einstellung gegenüber der Obrigkeit bestätigt. Was ich zu dem Zeitpunkt nicht ahnen konnte, war, dass dies nur ein kleiner Vorgeschmack dessen war, was mir bald von Behördenseite alles blühen würde.

Nach etwa vier Monaten erhielt ich die erlösende Nachricht von Alfred Kaup, er habe das Passende für mich gefunden. In Einen, einem Ortsteil von Warendorf, der schon mehrmals als Deutschlands schönstes Dorf ausgezeichnet worden war, hatte er bei einem Fototermin ein allein stehendes, unbewohntes Haus entdeckt. Er machte den Besitzer ausfindig und erzählte ihm von einem Menschen mit ganz besonderen, wundersamen Fähigkeiten, für den er dieses Haus unbedingt benötige. Den Eigentümer, Herrn Leismann, beeindruckte das wenig. Als bodenständiger Westfale konnte er mit Wundersachen nichts anfangen, war aber neugierig auf diesen seltsamen Kerl, den Kaup da anpries. Im Übrigen wäre das Haus schon so gut wie verkauft, der Vertrag läge bereits beim Notar. Aber von diesem Problemchen erzählte mir Alfred kein Wort.

Zuversichtlich fuhr ich nach Einen. Doch das Haus der Leismanns betrat ich dann doch mit gemischten Gefühlen. Welche Fragen erwarten mich wohl? Was sollte ich von meiner Tätigkeit erzählen? Wie stellen die sich ihren Mieter vor? So und ähnlich schoss es mir durch den Kopf. Als ich bei den Leismanns saß, beruhigte ich mich schnell. Mir gegenüber, so empfand ich es, saß ein ganz normales, mit allem menschlichen Verständnis von Gott reich beschenktes Ehepaar. Ich spürte Wärme, Zuneigung und auch eine gewisse Art von Liebe. Innerhalb von Augenblicken wusste ich, hier bist du richtig, diese Menschen werden dir weiterhelfen. Wir führten ein sehr langes Gespräch. Unter anderem wurde ich auch gefragt, ob ich denn Geld hätte, um dieses Haus zu kaufen. Ich musste leider verneinen. Ich gestand ihnen auch, dass ich noch nicht einmal wüsste, was mir der nächste Tag, geschweige denn meine Zukunft bringen würde. Ganz offen und ehrlich legte ich meine Situation dar.

Dann kam die Schrecksekunde, in der meine Hoffnungen wie eine Seifenblase platzten. Herr Leismann sagte mir, dass das Haus praktisch schon verkauft sei. Ich konnte es nicht glauben. Sollte alles wieder umsonst gewesen sein? Leismanns deuteten an, dass es vielleicht doch noch eine Chance für mich gäbe. Sie wollten über Nacht ihre Situation überdenken und mir am nächsten Tag einen verbindlichen Bescheid geben. Ich fuhr zurück ins Hotel.

Ich verbrachte eine sehr unruhige Nacht. Morgens um sieben hielt ich es im Bett nicht mehr aus. Raus aus den Federn, runter zum Frühstück. Doch das wollte nicht so recht schmecken. Ich war zu aufgeregt, voller Erwartung und Hoffnung. Um elf Uhr kam dann der Anruf. Ich solle mich gleich ins Auto setzen und nach Einen kommen. Mehr wurde mir nicht gesagt. Ich erinnere mich daran, dass ich in dem Moment völlig deprimiert war. Das mit dem Haus wurde wohl nichts. Aus reiner Höflichkeit fuhr ich trotzdem los und erlebte auf dieser Fahrt ein Wechselbad der Gefühle. Wie soll es bloß weitergehen, da es offenbar nichts mit meinem Umzug werden würde? Oder gab es doch noch ein Fünkchen Hoffnung?

Frau Leismann öffnete mir lächelnd die Tür. Sie bat mich ins Wohnzimmer und bot mir eine Tasse Kaffee an, ihr Mann werde gleich kommen. Die wenigen Minuten empfand ich wie Stunden. Er kam mit einem verschmitzten Lächeln ins Zimmer. Er machte alles sehr spannend. »Ich habe gerade mit meinem Notar telefoniert und ihm mitgeteilt, dass ich nicht mehr verkaufe«, erlöste er mich. »Somit hast du wieder ein Zuhause.«

Was ich in dem Moment empfand, ist einfach nicht zu beschreiben. Von einer Sekunde zur anderen wurde ich zum glücklichsten Menschen der Welt. Als mir die Leismanns noch sagten, dass die ersten drei Monate mietfrei seien, damit ich keinem Druck ausgesetzt sei und in Ruhe meine Existenz aufbauen könne, war ich sprachlos. Da hatte doch der Himmel wieder alles in die richtigen Bahnen gelenkt. Danke, danke, danke. Gelobt seist du, o Herr, der alles so wunderbar fügt. Ich hatte auf meinem einsamen Weg diese Menschen voller Nächstenliebe treffen dürfen. Für mich war es wieder mal ein Wunder. Das Verhalten der Vermieter war nicht »normal«, paßte in gar keine Norm. Man muss sich mal vorstellen, dass das Haus praktisch verkauft war. Die Leismanns hätten in kurzer Zeit eine Menge Geld mehr auf ihrem Konto haben können. Aber sie entschieden sich für ihren Mitmenschen in Not. Sie haben Leiden gelindert und Tränen getrocknet.

Zwei Tage später zog ich mit meinen wenigen Habseligkeiten in das leere Haus. Ich hatte keinen Tisch und kein Bett, war aber glücklich. Alle meine Bekannten halfen mir, so gut es ging. Der eine hatte dieses übrig, der andere jenes. Allmählich wurde es bei mir wohnlich und gemütlich. Wenn ich heute daran zurückdenke, bin ich sehr glücklich.

Wie schön können doch alte, wirklich gebrauchte Möbel sein! Wie wohl kann man sich in einer bunt zusammengewürfelten Einrichtung fühlen mit Gardinen, die zuvor jahrelang eingemottet in einem Keller lagen! Glauben Sie mir, ich fühlte mich reich beschenkt wie ein König. Heute noch empfinde ich eine große Dankbarkeit für die Hilfe, die mir damals zuteil wurde.

Ich lernte etwas für mich ganz Neues: Bescheidenheit. Eine Tugend, die ich bis dahin nur vom Hörensagen kannte. Ich war wohl der Meinung, bescheiden gelebt zu haben; umso schlimmer die Erkenntnis, dass es die ganzen Jahre nicht so gewesen war. Nun war ich trotz aller widrigen Umstände glücklicher als je zuvor. Auf einmal hatte ich auch Verständnis für die armen Menschen, die den Sperrmüll nach Brauchbarem durchsuchen. Oh, wie abfällig hatte ich doch manchmal über sie geurteilt, sie gar verurteilt! Ich schäme mich heute noch dafür. Kann ich diese, eine meiner vielen Sünden wieder gut machen?

10 Auf Wohnungssuche

Wenn man wirklich in Not ist, sollte man bereit sein, in sich hinein zu hören. Ohne Angst, zu entdecken, was wir jahrelang alles verkehrt gemacht haben. Oder, noch schlimmer, wie wir anderen Menschen wehgetan haben. Im ersten Moment mag eine solche Erkenntnis schlimm sein, aber sie verschafft auch Erleichterung. Und ebnet den Weg zu einer Wiedergutmachung. Wobei es sehr schwer sein kann, Wunden, die man geschlagen hat, so zu verbinden, dass sie auch wieder heilen können. Denn was gesagt ist, ist gesagt. Was getan ist, ist getan. Nur Mut! Hören Sie auf Ihre innere Stimme!

11
Dörfchen, mein Dörfchen ...

Westfalen gelten als Dickschädel und Sturköppe. Und wenn sie dann noch als vierschrötige Kerle mit Händen groß wie Suppenteller den Türrahmen füllen, ist das Klischee perfekt. Zumindest für Fremde und jene, mit denen die Westfalen nichts am Hut haben. Wer sie aber näher kennen lernt, weiß, dass es sensible Leute und herzensgute Menschen sind.

Dass sie anfangs auf Distanz zu Neuankömmlingen gehen, ist eigentlich verständlich. Da verhält sich dieser Menschenschlag nicht anders als beispielsweise die Leute im Bayerischen Wald oder an der friesischen Küste. Nur, so hörte ich, dauert es dort länger, bis man miteinander warm wird.

Der Westfale guckt sich jeden ganz genau an. Hat er einen erst einmal ins Herz geschlossen, dann bleibt man auch drin. Und erfährt, was uneigennützige Freundschaft und fast schon blindes Vertrauen sind, die einen auch in schwierigen Situationen oder gar Notlagen stützen und tragen. Selbst wenn man sich jahrelang nicht gesehen hat, ändert sich nichts an dem Verhältnis. Käme ich nun, nachdem ich schon lange nicht mehr im Kreis Warendorf lebe, wieder zurück, wäre der Jubel groß. Und auch ich würde vor Freude jauchzen.

Schon während meiner ersten Zeit in Einen erhielt ich vielfache und ganz praktische Hilfe. Ich konnte auf meine Freunde zählen. Da hockte ich also in dem leeren Haus am

Talweg 4, hatte die passenden Räumlichkeiten für meine Tätigkeit, aber keine Einrichtung. Schon kam mir mein Vermieter, wieder einmal, zu Hilfe. Er betrieb eine Möbelschreinerei und lieferte mir im Handumdrehen die notwendigen Liegen und Auflagen, damit ich zwei Behandlungsräume einrichten konnte.

Als ich in das Haus einzog, fragte ich beiläufig einen der Einheimischen, ob er nicht jemanden wüsste, der mal den Rasen aufbessern könne.

»Ja, weiß ich«, war die knappe Antwort. Und am nächsten Tag gingen da drei Leute im Garten zu Werke. Als sie das Grün aufgemöbelt hatten, meinten sie nur:

»Wat is, haste kein Bier kalt?«

»Klar, hab ich. Kommt mal rein.«

Und dann fragte ich, weil man ja gelernt hatte, dass man für alles zu bezahlen hatte, was es denn kosten würde. Die Antwort war typisch:

»Nun, wir haben doch jetzt 'n Bier getrunken, oder?«

Das ist Nachbarschaftshilfe in schönster Form. Bei dieser und vielen anderen Gelegenheiten wurde nicht lange gefackelt, da wurden keine großen Worte gemacht.

Eine Sprechstundenhilfe stellte sich auch bald ein. Frau Heidi Lange, eine ehemalige Patientin aus dem Hause Kaup, sagte mir ihre Unterstützung unentgeltlich zu. Übrigens, wenn ich mal von »Patienten« schreibe, tue ich das nicht im kassenärztlichen Sinn. Ich bin kein Mediziner, lehne mich aber stets an sie an. Vom Wortursprung her sind »Patienten« Leidende. Für mich sind es immer Hilfesuchende. Menschen, die Hilfe in ihrem Leid suchen.

Es hatte sich schnell herumgesprochen, wo ich zu finden war. In kürzester Zeit kamen immer mehr Hilfesuchende nach Einen. Einer von ihnen war Wilfried Metelem, ein Journalist der örtlichen Tageszeitung »Die Glocke«. Auch

11 Dörfchen, mein Dörfchen …

er hatte ein Leiden. Er sollte wegen eines Karpal-Tunnelsyndroms an beiden Armen operiert werden. Sechs Wochen, so sagte man ihm, würde der Heilungsprozess dauern. Bevor er sich zum Chirurgen begab, wollte Metelem, der per Gerücht von meiner Heilarbeit erfahren hatte, sein Glück bei mir versuchen. Dennoch trat er mir skeptisch gegenüber. Umso überraschter war er, als nach drei Sitzungen alle Beschwerden verschwunden waren.

Nach einigen Wochen rief er mich an und bat um ein erneutes Gespräch. Sein Chef habe ihn auf den schon lange fälligen Krankenhausaufenthalt angesprochen. Als er jenem von der wundersamen Heilung erzählte, sei dieser neugierig geworden und habe alles wissen wollen. In einer Themenkonferenz hätte man über mich gesprochen und beschlossen, die Leser über das vermeintliche Wunder in Einen zu informieren. Man war davon überzeugt, dass es sicherlich viele austherapierte, leidende Menschen im Kreis Warendorf gab. Sicherlich würden sich einige von ihnen freuen, von einer eventuellen weiteren Hilfsmöglichkeit in ihrer Nähe zu erfahren. Außerdem würden sich die Bewohner von Einen Gedanken machen, wer denn ihr neuer Mitbürger sei. Man habe ja schon einiges munkeln hören, doch niemand wisse so recht, was dahinter stecke und was da im Talweg passiere. »Die Glocke« witterte also eine interessante Story und konnte gleichzeitig Gutes tun, indem sie den Pfeffer aus der Gerüchteküche nahm.

Mir war es nur recht, dass sich die Lokalpresse um mich kümmerte. Ich hatte mich zu dem Zeitpunkt völlig in meine vier Wände zurückgezogen und von der Öffentlichkeit abgeschottet. Ich kümmerte mich nur um die Hilfesuchenden und nicht um mein, modern gesagt, Image. Doch nachdem ich erfahren hatte, was »Die Glocke« vorhatte, nahm ich auch meine Berührungsängste wahr. Und fragte mich: Was

11 Dörfchen, mein Dörfchen ...

denken die Dorfbewohner über mich? Wie werden sie reagieren, wenn sie etwas über meine Arbeit und meine Berufung erfahren? Wie würden sie mich nennen? Etwa »Wunderheiler« oder »Freund« oder gar »Scharlatan«?

Damals hatte ich gar keine Antwort darauf. Und habe sie im Grunde genommen auch heute noch nicht. Wie soll ich meine Tätigkeit bezeichnen? Wunderheiler? Wunder vollbringe ich nicht. Wunder möchte ich auch weiterhin in den Händen Gottes oder von Jesus Christus lassen. Und Heiler? Ja, aber nur, weil ich durch Gottes Gnade heilen darf. Also besser Helfer, ein Helfer der Hoffenden und Suchenden. Später, als ich eine Zeit lang in Italien tätig war, nannte ich als Beruf Physioenergetiker und Pranatherapeut, eine dort mit einer bestandenen Prüfung und einer Zulassung verbundene Berufsbezeichnung, die ich noch heute angebe, wenn ich nach einem Etikett gefragt werde. Der Begriff des Prana kommt aus dem esoterischen Bereich und bezeichnet Körperenergien, die abgestrahlt werden. Doch auch das ist nur eine Hilfskonstruktion, weil mein Beruf zuerst und vor allem eine Berufung ist. Und weil mich mit dem, was inzwischen alles unter dem Banner des Esoterischen daherkommt, nichts verbindet.

Damals, zu Beginn meiner Zeit in Einen, war meine größte und nahe liegende Sorge, ob man mich ohne Vorurteile in dieser erzkatholischen Glaubenshochburg akzeptieren und aufnehmen oder mir gar das Leben schwer machen würde. Meine Erfahrungen hatten mich gelehrt: Sich Christ zu nennen, ist etwas ganz anderes, als Christ zu sein. Doch mit solchen Gedanken machte ich mir das Leben unnötig schwer.

Es stellte sich nämlich heraus, dass nach Metelems erstem Artikel meine Nachbarn völlig unaufgeregt reagierten. Nun wussten sie, was ich tat. Sie nahmen mich so, wie ich war, und gingen zur Tagesordnung über. Ich traute mich allmäh-

11 Dörfchen, mein Dörfchen …

lich auch wieder in die Öffentlichkeit. Es begegneten mir nur nette, freundliche und oft hilfsbereite Dorfbewohner, nachdem sie durch weitere Berichte der »Glocke« erfahren hatten, dass und wie sehr die Leiden mancher Mitmenschen gelindert worden waren. Wie bei der älteren Dame, die alle »Mausi« nannten. Sie war eine der Ersten aus dem Dorf, die wegen eines Leidens zu mir kam. Seit Jahren litt sie an offenen Beinen. Nach zwei Wochen Behandlung waren die geschlossen. Da hatte ich natürlich bei allen, die sie kannten, einen Stein im Brett. Wenn die dann jemand über mich unken hörten, wiesen sie ihn auf ihre Art zurecht: »Eh, Mausi war da. Ihr hat er geholfen. Also halt die Klappe und geh erst mal selber hin. Dann kannste mitreden.«

Ich war schnell akzeptiert und in die Dorfgemeinschaft integriert. Was andersherum hieß, dass ich mich auch nicht isolieren konnte. Wenn die Westfalen einmal sagen, du gehörst dazu, dann hast du auch mitzumachen. Beim sonntäglichen Kirchgang. Beim Feuerwehrfest und beim Schützenverein. Dann heißt es Anzug kaufen, Hut aufsetzen, Krawatte umbinden und, wenn man wie ich auch mal zur Garde des Schützenkönigs gehörte, mit aufs Podium auf den Thron gehen. Nicht zu vergessen, da und dort was zu spenden. Ich fühlte mich nicht nur als Schützenbruder pudelwohl in Einen. Ich hatte ein neues Zuhause, war zufrieden und erfolgreich, denn ich durfte vielen Menschen helfen, gesund zu werden.

12
Wer sich auf See begibt ...

Bekannte, die ich von Torrox-Costa her kannte, traf ich daheim in Deutschland nur noch sehr wenige. Zu ihnen gehörte eine Clique von Schwaben, Badensern und vor allem Ostfriesen, die ich Anfang der neunziger Jahre wieder sah. Anlass war die Hochzeit der Tochter meines Freundes Günter, eines sehr erfolgreichen Unternehmers in Emden.

Nachdem wir alle an einem Freitag bei ihm eingetroffen waren, plauderten wir bei einem spanischen Brandy über vergangene Zeiten. Ich weiß nicht mehr genau, wie das Gespräch verlief. Auf jeden Fall erinnere ich mich daran, wie einer aus der Runde, unser Freund Kurt, plötzlich meinte: »Jetzt habe ich noch zwei Jahre zu arbeiten, dann setze ich mich zur Ruhe.«

Kurt verkaufte Tonträger und belieferte als Großhändler spanische Musikgeschäfte mit Kassetten. Er besaß in Torrox-Costa einen hübschen Reihenbungalow und hatte allen Grund, zufrieden zu sein. So wie er seinen Geschäftsalltag im Griff hatte, so glaubte er auch, sein eigenes Ende bestimmen zu können.

»Wenn es mal so weit sein wird und ich abtreten muss«, sinnierte Kurt damals über seine letzten Tage, »dann mache ich selber Schluss. Ich möchte nicht so dahinvegetieren wie meine Schwiegereltern.«

Da bekam ich einen dicken Hals und fuhr ihn an: »Du, man schmeißt sein Leben nicht einfach weg. Auch nicht im Scherz!«

12 Wer sich auf See begibt ...

»Wie, im Scherz?« trumpfte er auf und kam in Fahrt. »Mit meiner Frau habe ich das auch schon abgesprochen. Ich kauf mir ein rotes Gummiboot. Und wenn es mir wirklich ganz dreckig geht, packe ich ein paar Flaschen Bier und einen 103er ein (für Abstinenzler: das ist ein spanischer Brandy). Dann kann sie mein Boot noch von Land abstoßen, und ich lasse mich treiben. Und dann saufe ich die Pullen aus und nehm eine Stecknadel, die ich dabei habe, und pfft! steche ich ins Boot. Wenn das Ding dann voll ist, sauf ich ab, und das war's dann. Ich möchte nicht leiden.«

Ich regte mich darüber furchtbar auf und wurde laut: »Du, schmeiß dein Leben nicht so weg! Indem du das ernsthaft sagst, tust du unserem Herrgott keinen Gefallen. Das ist eine üble Herausforderung, was du da machst!«

Die anderen in der Gruppe sahen mich zweifelnd an. Ihrer Meinung nach war ich wohl zu heftig geworden. Ich ahnte, dass sie mich für einen Spinner hielten, den man am besten spinnen lässt.

Für den Samstag, den Tag des Polterabends, hatte sich Brautvater Günter etwas Besonderes ausgedacht. Ein Freund von ihm besaß eine Motoryacht mit zwei 480-PS-Motoren und einer riesengroßen Kabine, und mit dem Schiff war eine kurze Ausfahrt geplant. Nur mal eben aus dem Hafen raus, eine kleine Runde auf der See und wieder zurück.

Das war in jenen Tagen, mancher wird sich daran erinnern, als die amerikanische Armee ihre Atomsprengköpfe zum Heimtransport auf ihre Schiffe verlud. Gut eine Woche lang lagen sie damals im Hafen von Emden und durften nicht auslaufen, weil draußen zu schwere See herrschte. Und genau in jene Zeit fiel unsere Spritztour.

Günter und ich kamen als Letzte zum Hafen. Auf dem Weg zum Schiff begegnete uns ein Einheimischer, der sich mit Günter auf Platt unterhielt. So viel konnte ich verstehen, dass ich seine Warnung mitbekam.

»Ihr wollt doch bei dem Wetter jetzt nicht rausfahren?«

»Ach was«, wiegelte Günter ab. »Wenn's brenzlig wird, setzen wir einen Hilferuf über Funk ab. Ihr werdet uns dann schon hören und kommen.«

Da wollte ich am liebsten umkehren und mir war es fast egal, ob man mich als ängstliche Landratte ausgelacht hätte. Doch wie das in Cliquen so ist – ich ging auch an Bord.

Kaum waren wir aus dem Hafen raus, da schlingerte das Boot heftig, und nach wenigen Minuten schüttelte uns die See gnadenlos durch. Ich saß mit meiner damaligen Lebensgefährtin im Heck. Ich ahnte nichts Gutes und beschwor sie: »Bleib hier sitzen, das kann nicht gut gehen.«

Es kam, wie es kommen musste. Unser Kurt stand in der Mitte vom Boot, rundherum die anderen. Alle hatten ihr Bier und ihren Cognac intus. Genau das, was Kurt wollte. Dann kam eine volle Breitseite auf uns zu. Jeder, der an Deck war, griff nach einem Halt. Nur Kurt konnte sich offenbar nicht festhalten.

Ich sah, wie er weggerissen und über Bord gespült wurde. Ich habe sofort geschrien: »Mann über Bord!« Doch keiner hat mich verstanden und reagiert.

In Sekundenschnelle war Kurt hundert Meter vom Schiff weg. Dreimal tauchte er noch auf. Dann war er verschwunden.

Ich schrie immer wieder: »Mann über Bord!«

»Wer denn?«

»Der Kurt! Irgendwo da drüben ist er!«

Da guckten alle in die Richtung, aber keiner konnte Kurt mehr entdecken. Panik brach aus. Der Brautvater wollte über Bord und hinterher. Ich musste ihn festhalten, damit er nicht ganz durchdrehte. Schließlich drückte ich ihn auf die Planken und hielt ihn fest.

Der Eigner des Schiffes hockte kreidebleich im Rahmen der Kabinentür. Die Frauen saßen verstört und ratlos in der Kabine.

»Wer ist denn über Bord gegangen?« fragte ausgerechnet Kurts Frau. Als sie die Antwort bekam, sackte sie in sich zusammen. Wir versuchten, sie zu beruhigen.

»Pass mal auf, wenn wir an Land gehen, wartet er schon auf uns und sitzt dort auf der Bank«, machten wir ihr und uns Mut, und konnten selbst nicht daran glauben. Zu brutal waren die Naturgewalten, die wir erlebt hatten.

Der Bootsmann hatte inzwischen einen Notruf abgesetzt. Und wie der Brautvater scherzhafterweise vorausgesagt hatte, wurde der Notruf gehört. Viele Schiffe beteiligten sich an der Suche nach Kurt. Wir selbst waren mit unserer Nussschale gegen die gewaltige Grundsee machtlos und kämpften uns gegen die Wellen bis zu jenem Anlegesteg durch, an dem das Restaurant lag, wo wir eigentlich zu Abend essen wollten.

Natürlich saß kein Kurt auf irgendeiner Bank. Uns war speiübel. Keiner dachte ans Essen. Auf den Schreck hin kippten wir ein paar Cognacs. Mit dem Schiff wollte keiner nach Emden zurückfahren, also brachte es der Besitzer mit einem Helfer allein in den Hafen zurück.

Wir bestellten uns ein Großraumtaxi. Da wir am gegenüberliegenden Ufer waren, mussten wir erst einmal zwanzig Kilometer bis zur nächsten Emsbrücke fahren. Dann ging's an der anderen Uferseite zurück Richtung Emden. Dementsprechend hoch war der Fahrpreis.

Beim Brautvater angekommen, fing der doch tatsächlich einen Streit mit dem Fahrer an. Er sei wohl verrückt geworden, so einen Wucherpreis zu verlangen, zeterte er.

Man muss sich das mal vorstellen: Da ist einer über Bord gegangen, und sein millionenschwerer Freund feilscht um ein paar Märker fürs Taxi!

Offenbar hatte ihn bereits sein Alltag eingeholt. Für mich ist der Mann in dem Moment über Leichen gegangen. Denn für uns alle war klar, dass Kurt tot war.

Am nächsten Tag mussten wir zur Aussage zur Wasserschutzpolizei und gleich danach fuhren wir nach Hause. Die Hochzeit war sowieso geplatzt und wurde ein paar Wochen später nachgeholt. Ich bin dann nicht mehr nach Emden gefahren. Ich konnte den Anblick des Brautvaters nicht mehr ertragen und habe jeden Kontakt abgebrochen.

Dreieinhalb Monate später wurde Kurt direkt an der Hafeneinfahrt angespült. Identifizieren konnte man ihn nur noch anhand seiner Zähne und des Ringes. Vermutet wurde, dass er auf Grund gezogen wurde und sich irgendwo unter Wasser verhakt hatte.

Vielleicht hatte ich ihn damals zu hart angefasst, als ich ihn fragte, ob er überhaupt wisse, was er da sage. Am Tag nach dem Unglück, als die restliche Clique noch zusammen war, konnte ich nicht anders, als an meine Worte zu erinnern.

»Worüber haben wir gestern gesprochen? Was wollte der Kurt? Hat er es jetzt bekommen? Denkt mal darüber nach: Wer den Himmel, wer die Allmacht herausfordert, der kann ganz schnell an der Tombola teilnehmen. Das wurde uns doch gezeigt, oder?«

Zwei, drei Jahre lang konnte ich keine Schiffsplanken mehr betreten. Schon beim bloßen Gedanken an Wellen hatte ich immer Kurt vor Augen.

Merkwürdig ist in diesem Zusammenhang noch etwas anderes. Mein Sohn Ralf, der mit nach Emden gefahren war, hatte damals viele Fotos gemacht. Von den Brauteltern, vom

Schiffseigner, von Einheimischen und von allen in der Gruppe. Wenn Kurt auf einem Foto zu sehen war, dann entweder nur von hinten oder, wenn er von vorn zu sehen war, mit ganz weißem Gesicht. Er war nicht zu erkennen. War er zu dem Zeitpunkt schon todgeweiht?

Ich weiß es nicht. Ich kann die Bilder auch nicht erklären. Ich weiß nur, dass die Fläche einfach weiß war und dass ich, weil ich die Fotos nicht mehr ertragen konnte, sie alle weggeschmissen habe.

Nach dem schrecklichen Erlebnis in Ostfriesland stürzte ich mich wieder in meine Arbeit und genoss die Idylle in meinem Dörfchen. Wie viele in Einen, informierte ich mich in der Heimatzeitung »Die Glocke« über Neuigkeiten aus der Region und freute mich über das Interesse an meiner Arbeit. Ich konnte ja nicht ahnen, welchen Wirbel eine große Illustrierte verursachen wird …

13
Ein Reporter will den »Scharlatan« enttarnen

»Glocke«-Redakteur Wilfried Metelem hatte einen Kollegen, der inzwischen bei der »Quick« arbeitete: Thomas Ruhmöller, der in den vergangenen Jahren sehr viel für mich getan hat und mit dem ich auch heute noch in Kontakt stehe. Metelem erzählte seinem Freund von dem Mann mit den heilenden Händen. Daraufhin wurde Ruhmöller nach Warendorf geschickt, um diesen »Scharlatan« – denn etwas anderes konnte es ja nicht sein! – zu entlarven.

Thomas Ruhmöller war dreimal bei mir, ohne dass er sich als Reporter zu erkennen gab. Stattdessen hatte er seinen Schwiegervater im Schlepptau, der sich seit einer schweren Krebsoperation nur noch sehr eingeschränkt bewegen konnte und die meiste Zeit bettlägerig war. Der alte Mann kam aus der Nähe von Oldenburg. Zweimal wurde er gebracht, das dritte Mal fuhr der Kranke die Strecke von gut 160 Kilometer allein. Für Thomas war das völlig unverständlich und ein Hinweis darauf, dass an der Sache doch was dran sein müsste. Dann sagte er, wer er sei und dass er gern in der »Quick« berichten würde.

Eines Tages stand er mit einem Fotografen vor meiner Tür und sagte: »So, Herr Drevermann, wir haben jetzt eine Woche Zeit, uns um Sie zu kümmern.«

»Wo wohnt ihr denn?« fragte ich.

»Nun«, meinte er, »Sie haben doch ein großes Haus. Ist da nicht ein Zimmer für uns frei?«

»Wie? Was soll das denn?« zögerte ich.

13 Ein Reporter will den »Scharlatan« enttarnen

»Wir möchten Sie schon Tag und Nacht beobachten. Damit hier keine linken Sachen ablaufen. Sie könnten ja Patienten bestellen, die uns etwas vorspielen.«

»Na, dann kommt mal rein.«

Sie quartierten sich im Gästezimmer ein. Während der folgenden zwei Tage waren sie bei jeder Behandlung dabei, nachdem sie die Betreffenden um Erlaubnis gebeten hatten. Dann meinte Thomas, immer noch skeptisch angesichts der Heilungen, die er erlebt hatte, so ginge das nicht. Da wären vielleicht doch ein paar gestellte Fälle dabei. Also zog er mit seinem Kollegen abends los, Kneipen abzuklappern. In Einen und einem Nachbarort stellten sie sich an die Theken, tranken ihr Bier und fragten jeden, der reinkam: »Bist du krank? Fehlt dir was? Komm doch mal morgen früh da und da hin.« Und so waren am nächsten Morgen acht Leute bei mir, die ich nie zuvor gesehen hatte.

Alle acht wurden gesund. Thomas Ruhmöller wusste gar nicht mehr, was los war. Besonders bei dem einen Fall, den er noch heute salopp die »Hämorrhoiden-Nummer« nennt. Da kam eine Frau auf die Liege, die über leichtes Rheuma in den Handgelenken klagte. Ich hielt meine Hände darüber und sagte:

»Vor zwei Jahren haben Sie aber eine schwere Operation hinter sich gebracht.«

»Ja«, sagte die Frau leise.

»Das waren Hämorrhoiden.«

»Ja.«

»Die waren innen liegend. Das war ganz schlimm.«

»Ja.«

Da war der erfahrene Reporter, der schon vieles erlebt hatte, fix und fertig. Ich hatte mich mit der Frau nicht unterhalten, konnte dennoch ein früheres Leiden erkennen und auch noch zeitlich einordnen. Dabei hatte ich sie

13 Ein Reporter will den »Scharlatan« enttarnen

überhaupt nicht berührt. Was ich bei anderen ja auch nicht mache.

Ich lasse meine Hände über dem jeweiligen Körper oder bestimmten Körperpartien schweben. Meine Hände sind dabei wie Antennen. Sie spüren die Krankheiten in anderen Menschen auf. Mein Körper, um im Bild zu bleiben, fungiert als eine Art Fernsehgerät, denn dabei spiegeln sich die Schmerzen in mir wider, ich spür sie selber und kann sie deshalb genau benennen. Oft strahlt der Körper für mich noch Informationen über zurückliegende Ereignisse aus, wie in diesem Fall.

Aber was passiert denn dann? Wie funktionieren denn Besserungen oder gar Heilungen? werde ich immer wieder gefragt. Und ich hab bis heute keine, zumindest keine zufrieden stellende Antwort. Wenn ich meine Hände über die Kranken halte, spüre ich, wie aus meinem Körper Energie fließt. Wie diese Energie beschaffen ist, kann ich weder in naturwissenschaftlichen Begriffen noch alltagssprachlich beschreiben. Ich weiß nur aus langjähriger Erfahrung, dass diese Energie Schmerzen beseitigen und offenbar die Selbstheilungskräfte aktivieren kann und bisher bei unterschiedlichsten Krankheitsfällen segensreich wirkte. Für mich ist es eine göttliche, universelle Heilenergie, die ich zum Nutzen von Kranken weitergeben darf.

Anfang 1990 berichtete die »Quick« erstmals über die zwanzig Fälle, die Ruhmöller und sein Fotograf in der Woche bei mir erlebt hatten. Es waren alles Menschen, denen Ärzte nicht mehr helfen konnten und die bei mir gesund wurden.

Zum Beispiel die 54-jährige Aloysia H. aus W., die jahrelang an schmerzhaften Unterleibsverspannungen litt. Oder die 41-jährige Monika G. aus O., die aufgrund eines zusam-

13 Ein Reporter will den »Scharlatan« enttarnen

mengequetschten Blutgefäßes im Brustkorb rund um die Uhr wahnsinnige Schmerzen ertragen musste. Durch den gehinderten Blutdurchfluss tat jede Bewegung weh. Wegen einer Kontrastmittelallergie konnte Frau G. nicht operiert werden.

Weiter erfuhren die »Quick«-Leser von der 59-jährigen Else M. aus B., deren starke Hüftschmerzen verschwanden und die eine geplante Implantation künstlicher Gelenke absagen konnte. Oder vom 68-jährigen Erich B. aus O., dessen Halbglatze nach drei Behandlungen aussah, als hätte er nie eine extreme Schuppenflechte gehabt. Und man las von dessen 13-jähriger Enkelin Sandra, deren rechtes Auge seit Geburt nur eine 30-prozentige Sehkraft besaß, was als irreparabel galt. Nach fünf Terminen konnte das Mädchen mit Hilfe von Kontaktlinsen auf beiden Augen normal sehen.

Dass hier Namen und Wohnorte abgekürzt werden, geschieht nur zum Schutz der Betroffenen. Damit sie nicht von wildfremden Menschen selbst des Nachts angerufen und gefragt werden, ob das alles denn wahr sei. Denn so war es damals nach dem ersten Bericht, dem in der »Quick« in drei Ausgaben hintereinander eine Doppelseite folgte. Was einen Wirbel sondergleichen auslöste.

Täglich brachte der Postbote einen Waschkorb voller Briefe in den Talweg. Mein Telefon klingelte rund um die Uhr, und aus dem ganzen Land fuhren Menschen voller Hoffnungen nach Einen. Kamen früher vor allem Pferdefreunde wegen Dressur-Bundestrainer Harry Boldt und Dressur-Weltmeister Dr. Uwe Schulten-Baumer angereist, so stand ich nun im Mittelpunkt des Interesses. Die Parkplätze im Ort reichten kaum, und hätte es ein Hotel am Platz gegeben, wäre es ständig ausgebucht gewesen.

Zahlreiche Anrufer von auswärts erbaten Auskünfte beim Bürgermeister oder im katholischen Pfarramt. Andere ver-

13 Ein Reporter will den »Scharlatan« enttarnen

suchten im »Westfälischen Hof« einen Termin bei mir zu ergattern. Was nicht klappten konnte, denn bei mir gab es nie eine Vorzugsbehandlung und wird es auch nie eine geben. Aber in anderer Hinsicht waren Gastwirt Hubert Forstmann und seine Frau Uschi mir eine große Hilfe. War doch ihr Gasthaus unweit meines Hauses praktisch mein vergrößertes Wartezimmer. Ich hatte ja in dem kleinen Haus, in dem ich arbeitete, nicht so viel Platz. Hinter dem Eingang im Flur konnten nur drei, vier Leute auf der Couch warten.

Hubert und Uschi kümmerten sich rührend um die Hilfesuchenden. Von den Forstmanns erhielt ich, wenn ich nach Feierabend mal zum Essen oder auf ein Bierchen rüberging, zuweilen ausführliche Informationen über die Kranken, die am Tresen ihre Sorgen oder auch ihre Freude loswerden wollten. »Stellen Sie sich mal vor, Frau Forstmann, das ist alles schon viel besser geworden. Wir können das gar nicht begreifen. Der hat uns so gut geholfen«, wurde erzählt.

Die Illustriertenberichte wurden überall dort aufmerksam gelesen, wo es die »Quick« gab. Und so wunderte ich mich auch nicht über Anfragen aus aller Welt. Menschen aus Japan und Indien, aus dem Orient und aus Amerika meldeten sich. Wie auch unsere Obrigkeit, der die Besucherströme in Einen und das Medienecho selbstverständlich nicht verborgen blieb.

14
Warum nicht sein kann, was nicht sein darf

Zwischen den zahlreichen Briefen von Hilfesuchenden befand sich Ende Juli 1990 auch ein Schreiben von der Kreisverwaltung Warendorf mit einer Untersagungsverfügung und der Androhung eines Zwangsgeldes von dreitausend Mark, sollte ich weiterhin als »Heilpraktiker ohne Bestallung« tätig sein.

Wie? Heilpraktiker? Ich? Ich sah mich überhaupt nicht als solchen. Und von dem Gesetz, gegen das ich verstoßen haben sollte, wusste ich auch nichts. Ich fühlte mich irritiert. Das musste ein Missverständnis sein. Aber das ließe sich ja schnell aufklären, dachte ich mir voller Naivität und unterschätzte den Hinweis am Ende des Behördenschreibens: »Das öffentliche Interesse an der sofortigen Vollziehung dieser Untersagungsverfügung ist gegeben, weil ansonsten weiterhin eine Gefahr für die Volksgesundheit besteht.«

Ich bat also um ein Gespräch mit dem Leitenden Kreismedizinaldirektor. Etwas mulmig war mir schon auf dem Weg zum Termin. Schließlich hat niemand gerne mit Behörden zu tun. Besonders dann nicht, wenn man etwas angestellt haben soll, was man gar nicht getan hatte.

Ich kam in ein Verwaltungszimmer, in dem zwei Leute saßen. Ich wusste gar nicht, wer der Arzt und wer der andere war. »Wieso zu zweit?« fragte ich erstaunt. »Ich hatte doch einen Termin mit dem Medizinaldirektor.«

Darauf gab der sich zu erkennen und erklärte: »Sie können Ihr Gespräch haben. Aber nur in Gegenwart des

Rechtsbeistandes des Kreises.« Aha, das war also der zweite Mann.

»Ist das denn nötig?« fragte ich verwundert.

»Unbedingt«, wurde mir erklärt. »Sie könnten ja hinterher in der Öffentlichkeit etwas behaupten, was hier gar nicht gesagt wurde.«

Das saß in der Magengrube. Man vermittelte mir das Gefühl, ich sei ein Krimineller, dem man von Anfang an klar machen musste, wer hier das Sagen hatte.

Ich versuchte, die Situation zu entspannen. »Mensch, Kinder, was soll das denn? Ich mache doch nichts gegen die Schulmedizin. Ich arbeite ja mit Ärzten zusammen«, argumentierte ich. »Und wenn das, was ich tue, den Leuten hilft, ist es doch in Ordnung. Macht doch mal nicht so ein Theater!«

Ebenso gut hätte ich gegen eine Betonwand reden können. Mir wurde in schönstem Amtsdeutsch erklärt, dass nicht sein kann, was nicht sein darf. Verwirrt und völlig verunsichert verließ ich das Amt. Was ist denn bloß los und wie meinen die das?

Ich suchte das Gespräch mit Freunden und Bekannten, um eine Erklärung zu finden. Die Buschtrommeln des Dorfes trugen die Nachricht von der Verfügung auch in die »Glocke«-Redaktion. Die kümmerte sich um das Thema, fragte beim Amt nach, und so konnte ich bald darauf die Ansicht der Verwaltung nachlesen. Kapieren konnte ich sie deshalb auch nicht besser.

»Wir haben persönlich nichts gegen Herrn Drevermann, aber die rechtliche Situation ist nun mal ganz eindeutig«, erklärte der Pressesprecher des Kreises. »Nach Paragraph 1 des Heilpraktikergesetzes bedarf derjenige einer Erlaubnis, wer die Heilkünste ausüben will, ohne als Arzt bestallt zu sein.«

Und er erläuterte, »dass jede berufs- oder gewerbemäßig vorgenommene Tätigkeit zur Feststellung, Heilung oder Linderung von Krankheiten oder Körperschäden bei Menschen eine Ausübung der Heilkunde ist. Auch ist durch die Rechtsprechung eindeutig festgestellt worden, dass etwa Handauflegen und Bestreichen der betreffenden Körperstellen zur Beseitigung oder Linderung der Schmerzen, Beschwerden oder Leiden als Heilbehandlung im Sinne des Heilpraktikergesetzes anzusehen ist. Bei fehlender Erlaubnis ist eine Untersagung dieser Tätigkeit gerechtfertigt.«

Ich müsste, so wurde mir schon beim ersten Gespräch bedeutet, um weiter tätig sein zu dürfen, erst einmal eine Ausbildung zum Heilpraktiker absolvieren. Doch warum soll ich zwei Jahre an einer Heilpraktiker-Schule verbringen, wenn ich in der gleichen Zeit unzähligen Kranken helfen könnte? Wozu soll ich lernen, wie man Spritzen setzt und Medikamente verschreibt, wenn ich nie mit Spritzen und Rezeptblock, sondern nur mit meinen Händen arbeite? Dass man von mir eine Ausbildung und eine Prüfung verlangte, konnte ich ebenso wenig verstehen wie die Sache mit der Gefahr für die Volksgesundheit.

Heilende Hände eine Gefahr für die Volksgesundheit? Ist Handauflegen eine kriminelle Tat? Hatte ich etwa falsche Hoffnungen geweckt? Nein, denn nie garantiere ich Heilung, weil ich die nicht garantieren kann. Und gesundheitsgefährdend hatte ich auch damals nicht gearbeitet. Bis heute verlange ich als Erstes die Diagnose eines Arztes. Sagt mir jemand, er sei noch nicht beim Mediziner gewesen und habe keine Diagnose, schicke ich ihn sofort zurück. Und die, die zu mir in Behandlung kommen, wurden von Anfang an darauf hingewiesen, weiterhin den behandelnden Arzt zu konsultieren und zum Beispiel nicht die verordnete Dosis von Medikamenten ohne Rücksprache mit dem Mediziner zu verändern. Außerdem kamen schon damals praktisch nur Austherapierte zu mir, denen die Schulmediziner nicht mehr helfen konnten. Darauf wies ich die Kreisverwaltung ebenso hin wie auf die Ärzte, die selbst wegen einer Behandlung zu mir gekommen waren. Vergebens. Ich konnte vorbringen, was ich wollte. Man verwies auf die Vorschriften und blieb stur. Gut, dass ich zu dem Zeitpunkt nicht wusste, was mir noch alles bevorstand.

Ehemalige Patienten überschütteten die Leserbrief-Redaktion der »Glocke« und anderer Regionalzeitungen mit Schilderungen ihrer früheren Leiden und berichteten, wie ihnen geholfen wurde. Sie äußerten ihr Unverständnis über die Amtsverfügung, durch die anderen Bedürftigen meine Hilfe versagen werden würde. Ja, sie verfassten sogar Bittschreiben an den Petitionsausschuss des Landtages und des Bundestages. Vergebens, denn, so hieß es, mit solchen Nichtigkeiten könnten sich beide Gremien nicht befassen.

Innerhalb von zehn Wochen brachte der Postbote mehrere tausend Briefe in den Talweg. Diese Anteilnahme tat mir gut. Viele Mitbürger aus Einen demonstrierten mit Plakaten auf den sonst so ruhigen Dorfstraßen. Die Zeitungen berichteten darüber, was wiederum eine Flut von Leserbriefen auslöste. Zuspruch kam von vielen Seiten.

Wie sollte ich auf die Forderung reagieren, meine Tätigkeit einzustellen? Vor der Tür standen weinende Menschen und baten um Hilfe. Da fragt man sich, bis du jetzt feige? Was ist denn wichtiger? Der kranke Mensch, der deine Hilfe braucht? Oder Beamte, die auf das Gesetzbuch pochen? Ich kann mir kaum etwas Schlimmeres vorstellen als kranke Menschen, die vor der Tür weinen und einen dann manchmal sehr heftig anklagen. »Sie haben doch die Kraft von Gott bekommen, um Menschen zu heilen, warum tun Sie es nicht? Sie wollen vor dem Gesetzgeber kuschen und uns nach Hause schicken. Wollen Sie, dass wir sterben?« Das ging so tief unter die Haut, dass man es sich nicht vorstellen kann. Das war schlimm.

Schließlich beschloss ich, meiner Berufung zu folgen und behandelte weiter – trotz der behördlichen Drohungen. Unterstützt von meinem Sohn Ralf, der inzwischen aus Spanien zu mir gezogen war und der erfreulicherweise auch über heilende Fähigkeiten verfügt.

15
Ein Wunder in Fatima

Jörg, zwei Jahre älter als Ralf, kam eines Tages auf Empfehlung seines Arztes zu mir. Jörg war schwer an Morbus Bechterew erkrankt, einer Form degenerativer Arthrose, die ihm nicht nur auf den Rücken, sondern auch auf die Hüftgelenke geschlagen war. Schulmedizinisch sah man noch eine Möglichkeit, ihm durch Maßnahmen wie Abschleifen der Hüftgelenkkugeln zu helfen. Doch die Operation war nicht möglich, weil er von den Füßen bis über die Hüften an einer extremen Schuppenflechte litt. Bei Jörg erneuerte sich täglich die Haut, die nur noch in Fetzen an den Beinen hing. Sein Schicksal hat mich stark berührt. Über drei Monate schon hatte ich ihn täglich behandelt, als uns Freunde in Portugal einluden, bei ihnen mal zwei Wochen auszuspannen.

Doch vierzehn Tage Urlaub im Süden hätten vierzehn Tage keine Behandlung für Jörg bedeutet. Und ich wollte ihm auf keinen Fall das Gefühl vermitteln, dass unser Urlaub wichtiger sei als sein Schicksal. Da kam ich auf den Gedanken, Jörg mitzunehmen. Ich sprach mit Ralf, und auch Jörg stimmte zu: »Ich komme gerne mit, wenn euch das nichts ausmacht. Ich bin ja ein Ballast, weil ich im Rollstuhl sitze.«

Die Belastungen, die wir gern übernommen hatten, waren anderer Art. Jörg musste täglich nach dem Baden oder Duschen trocken geföhnt werden, damit die Hautfetzen nicht faulten. Danach löste sich wieder die Haut, die stückweise oder pulverisiert zu Boden fiel. Während der Reise küm-

15 Ein Wunder in Fatima

merten sich Ralfs damalige Freundin und meine damalige Lebensgefährtin, die auch mitgeflogen waren, rührend um Jörgs Pflege und Wohlergehen. Das klappte alles ganz gut.

Unsere portugiesischen Freunde fragten uns eines Tages, ob wir mit ihnen nicht nach Fatima fahren wollten. »Ja, gerne.« Wir alle ins Auto, Jörg ins Auto, Rollstuhl ins Auto, und so fuhren wir eineinhalb Stunden von Cascavelos nahe Lissabon in den berühmten Wallfahrtsort. Sonntagmorgens gegen zehn Uhr kamen wir an.

Tausende Menschen standen auf dem riesigen Platz. Mit Jörg im Rollstuhl gelangten wir bis in die erste Reihe. Am Fuß der Treppe zur Kathedrale gab es eine kleine Kapelle, in die immer dann, wenn das Hauptgebäude verschlossen wurde, die Statue der Mutter Gottes gebracht wurde. So konnten sie die Pilger auch bei geschlossener Kathedrale sehen und zu ihr beten.

Vor der Kathedrale hatte man einen Altar für eine Messe unter freiem Himmel aufgebaut und die Statue dort hingebracht. Nach der Messe trugen acht Priester die Statue wieder zur kleinen Kapelle. Ihr Weg führte sie direkt an uns vorbei. In dem Moment, wo die Statue an uns vorbeigetragen wurde, durchfuhr es uns wie ein Blitz. Es war heiß, aber eine angenehme, liebevolle Wärme, die Jörg und mich durchströmte. Er hatte genau das gleiche Erlebnis wie ich. Wir hatten gar nicht weiter bemerkt, dass unsere Freunde einen Schritt zurückgetreten waren. Bis sie meinten: »Was ist das heiß hier! Was ist denn los? Ihr strahlt so eine Hitze aus! Was ist das?«

Kurz darauf habe ich die ersten drei Rosenkränze meines Lebens gekauft. Einen für Ralf, einen für Jörg und einen für mich. Auf der Heimfahrt beteten wir den Rosenkranz.

Nach einer Woche ist Jörg mit uns zurückgeflogen. Er konnte zwar nicht laufen, doch er konnte nun operiert werden. Seine extreme Schuppenflechte war verschwunden. Er hatte eine ganz neue Haut wie dünnes Pergament bekommen. Durch die konnte man alle Äderchen sehen. Ein paar Monate später wurde Jörg erfolgreich operiert, und längst kann er wieder laufen.

Später habe ich mir gedacht, wenn der Rosenkranz so wirksam ist, dann müssen alle Kranken einen haben. Und darum verschenke ich an jeden, der will, einen Rosenkranz. Der beschützt, gibt Kraft und Hilfe, heilt die Seele. Erst wenn die Seele geheilt ist, kann sie ins Gleichgewicht zu Körper und Geist gebracht und wir letztlich gesund werden.

Ich verlasse bis heute das Haus nicht ohne den Rosenkranz in der Hosentasche.

Übrigens, Jörg gehört dem protestantischen Glauben an. Und dennoch hat ihm die Mutter Gottes geholfen? Ja, warum denn nicht? Nur Ultrakatholiken meinen, Maria sei nur für ihresgleichen da. Dabei ist sie doch vielfach im Laufe der Jahrhunderte und auf allen Kontinenten Menschen unterschiedlichsten Glaubens und auch Nichtgläubigen erschienen und hat unterschiedslos alle »meine lieben Kinder« genannt. Nicht wie eine Mutter, sondern als unser aller Mutter hat sie uns immer wieder verkündet, dass wir im Gebet den Weg zurück zu Gott finden und in intensiver Zwiesprache mit dem himmlischen Vater sogar Naturkatastrophen von der Welt abwenden können. Ja, noch mehr. Sie, die Himmelskönigin, hat uns in vielfachen Botschaften inständig zum Beten angehalten, damit noch mehr Seelen aus dem Fegefeuer errettet werden.

Würden die Menschen doch mehr auf Marias Botschaften hören und vertrauen!

16
Padre Pio tritt in mein Leben

Die Situation in Einen war nach der Rückkehr aus Fatima unverändert. Auf der einen Seite die Unterlassungsforderung des Amtes, auf der anderen Seite ein nicht abreißender Strom von Hilfesuchenden.

Freunde von mir wollten den Bürokraten ein Schnippchen schlagen und gründeten eine »Gesellschaft für esoterische Heilung«, in deren Auftrag ich tätig werden sollte. Bald gab es schon rund tausend Mitglieder. Doch die Konstruktion als eingetragener Verein erwies sich als unbrauchbar, weil das Amt diese juristische Lösung meines Problems nicht akzeptierte.

Dann besorgte ich mir für eine Gebühr von zehn Mark einen Gewerbeschein und meldete mich als Betreiber einer »Esoterisch-Holistischen Lebensberatung« an, die »ausschließlich eine esoterisch-holistische Lebensberatung unter Einschluss meditativer Elemente auf christlich-transzendentaler Basis« betreiben sollte. Die Freunde, die sich das für mich ausgedacht hatten, damit ich weiter in Ruhe tätig sein könnte, meinten, es sei ja nicht verboten, mit Besuchern zu meditieren, zu beten, Gespräche zu führen und Lebenssituationen zu analysieren. Wenn sich dabei Heilungen von teilweise sogar chronischen Leiden einstellten, umso besser für die Betroffenen. Ich jedenfalls hätte die nicht bewusst herbeigeführt. Doch auch diese Konstruktion erhielt nicht den Segen derer, die in mir eine Gefahr für die Volksgesundheit sahen.

Ich behandelte dennoch weiter, weil ich nicht einsehen konnte, dass Menschen deshalb leiden sollten, nur weil ein Prüfungspapier fehlt. Das, was ich tat, hatte niemandem geschadet. Es gab keinerlei Beschwerden von Menschen, die bei mir waren.

Eine der Hilfesuchenden jener Zeit werde ich nie vergessen, weil während ihrer Behandlung etwas Unerklärliches geschah. Eines Montagmorgens wurde Simone S. aus A. von ihrer Mutter im Rollstuhl gebracht. Die 23-Jährige hatte hochgradige Polyarthritis, die schwerste Form des Rheumas, die man sich nur vorstellen kann. Das Mädchen litt an Knochenverformung und anderen schlimmen Folgen.

Ich kam gegen neun Uhr in den Behandlungsraum. Simone lag schon auf der Liege, ihre Mutter saß auf einem Stuhl. Ich fing an zu behandeln. Plötzlich baute sich im gesamten Raum ein ganz starker Rosenduft auf.

»Sie haben aber ein tolles Parfüm«, sagte ich zu der Mutter.

»Nein, das bin nicht ich«, meinte sie. »Und Simone auch nicht, die benutzt kein Parfüm.«

»Ja, aber was duftet denn hier so stark?« wunderte ich mich. »Wo sind denn die Rosen?«

Dann bin ich raus zu Frau F., die bei mir von der Multiplen Sklerose geheilt wurde und über Jahre mitgearbeitet hat. Sie und meine damalige Lebensgefährtin holte ich in das Behandlungszimmer und meinte, obwohl das im Grunde Unfug war: »Riecht doch mal, was hier los ist. Habt ihr irgendwas versteckt oder gesprüht?«

»Nein, haben wir nicht«, antworteten beide. Aber alle im Raum haben den schönen Duft wahrgenommen. Ich wunderte mich noch, behandelte dann aber weiter.

Um elf Uhr ging das Telefon. Ein wildfremder Mann sagt

mir: »Herr Drevermann, ich habe den Auftrag, Sie anzurufen.«

»Hm, von wem denn?« fragte ich.

Darauf der Fremde in ruhigem Ton: »Ich soll Ihnen einen schönen Gruß bestellen von ihrem spirituellen Vater.«

»Aha, und wer ist das?« meinte ich lachend, denn da konnte ja nur ein Scherzbold am Hörer sein.

»Padre Pio«, war die Antwort.

»Na, das ist ja 'ne gute Nummer«, frotzelte ich weiter. »Wie kommen Sie denn darauf?«

Nun kam es knüppeldick. »Herr Drevermann«, sprach der Fremde ruhig weiter, »heute Morgen haben Sie doch bei der Behandlung einen ganz starken Rosenduft gehabt.«

Da hat es mich doch fast umgehauen. Woher weiß dieser mir völlig unbekannte Mensch, dass ein starker Rosenduft im Zimmer war? Wieso weiß er überhaupt etwas von Behandlungen? Was ist denn nun los? In meinem Kopf ging alles durcheinander. Noch bevor ich etwas sagen konnte, hörte ich wieder die fremde Stimme:

»Herr Drevermann, ich will Sie jetzt nicht weiter irritieren. Ich weiß, das ist schon schwer verständlich, dass ich Sie überhaupt angerufen habe. Ich hätte Ihnen das gern persönlich gesagt, aber irgendwie musste ich ja den Fuß in die Tür kriegen. Darf ich Sie einfach mal besuchen kommen? Dann erzähle ich Ihnen mehr.«

Ich sagte schon aus Neugier zu, schließlich wollte ich genauer wissen, was ich da erlebt hatte und was es mit Padre Pio auf sich hat.

Dann kam dieser Mann, ein in der Heilerszene bekanntes Medium, der schon seit mehreren Jahren in spiritueller Verbindung zu Padre Pio stand. Er erzählte mir von Pater Pio.

Der Name sagte mir bis dahin nicht viel. Ich erinnerte mich aber an einen Kapuzinermönch, der 1968 beerdigt worden war. Zufällig hatte ich damals im Fernsehen einen kurzen Bericht von der Beerdigung gesehen, zu der mehr als hunderttausend Menschen gekommen waren.

Der Anruf und der Besuch lösten neue Irritationen in mir aus. Gut, an den Herrgott hatte ich auch früher geglaubt. Aber dass der Himmel so präsent sein soll, dass er sich offenbart und sagt, uns gibt es, wir sind um euch herum, das ist doch sehr schwer zu begreifen. Selbst wenn man es persönlich erlebt hat, kann man es eigentlich nicht glauben. Dafür sind wir zu sehr an der irdischen Realität orientiert, dafür bin ich eigentlich zu bodenständig aufgewachsen.

In der Folgezeit las ich alles, was ich über Padre Pio auftreiben konnte, und erfuhr erstaunliche Dinge.

17
Was über Padre Pio berichtet wird

Padre Pio wurde am 25. Mai 1887 als Francesco Forgione im süditalienischen Pietrelcina geboren. Schon als Kind war er sehr fromm und sehnte sich frühzeitig nach der Verbindung mit Jesus in der heiligen Kommunion. Als 16-Jähriger trat er als Novize in den Kapuzinerorden ein, wo er trotz seiner schwachen Gesundheit große Opfer brachte. Nach Jahren intensivster Studien wurde er 1910 zum Priester geweiht und erhielt den Namen Padre Pio. Schon als junger Mönch wurde er unsichtbar stigmatisiert und erlitt an Händen, Füßen und der linken Körperseite die Schmerzen der Passion Jesu. Am 20. September 1918, Padre Pio kniete vor einem großen Kruzifix, wurde er wie von einer glühenden Lanze durchbohrt und trug seitdem sichtbar die Stigmata wie sein Vornamensgeber Franz von Assisi.

Bei anderen Stigmatisierten, von denen im Laufe der Jahrhunderte berichtet wurde, waren die Wunden oft nur von Donnerstag bis Samstag sichtbar. Padre Pios Male aber blieben präsent und bluteten ständig. Sie ließen sich, wie anfangs versucht, nicht abwaschen. Sie heilten nicht, entzündeten sich aber nie; auch nicht durch die dunklen Wollhandschuhe, die Padre Pio jahrelang trug, um die Wundmale zu verbergen. Die Stigmata wurden mehrfach von Fachärzten untersucht. Man fand keine natürliche oder wissenschaftliche Erklärung, was auch für viele außergewöhnliche Ereignisse im Leben des Paters gilt.

17 Was über Padre Pio berichtet wird

Nachdem sich herumgesprochen hatte, dass bei den Kapuzinern ein stigmatisierter Pater lebte, setzte ein gewaltiger Pilgerstrom ein. Für das Volk stand Padre Pio im Ruf der Heiligkeit. Die Amtskirche, die traditionell allen sensationellen Phänomenen ablehnend gegenübersteht, untersagte Padre Pio alle priesterlichen Dienste, bei denen er Kontakt zur Öffentlichkeit haben könnte. Er durfte keine Predigt halten und keine Beichte hören. Die heilige Messe konnte er nur abgeschirmt im Konvent zelebrieren. Isoliert in seiner Zelle blieben ihm nur Gebete und Leiden, die Schmerzen seiner Wunden, ständige Versuchungen des Satans und das tiefe Bedauern, vielen Seelen, die seine Fürbitte suchten, nicht helfen zu können.

Für Padre Pio waren die Wundmale eine Strafe Gottes, die ihm auferlegt wurde, damit er die Leiden Jesu mittragen konnte. Als fügsames Instrument des Herrn ertrug er geduldig alle Leiden und Prüfungen.

Als sich Padre Pio nach zehn langen, einsamen Jahren wieder den Gläubigen zeigen durfte, wuchs unaufhörlich die Zahl derer, die mit ihm beten und bei ihm beichten wollten. Zutiefst von dem großen Wert und der übernatürlichen Macht des Gebetes überzeugt, weckte er in den Menschen die Freude an der Zwiesprache mit Gott. »Die Zeit, die man zur Ehre Gottes und zum Heil der Seelen eingesetzt hat, ist niemals vergeudet«, erklärte er einmal und handelte stets danach.

Nach der heiligen Messe, die er zuweilen verzückt in Ekstase über Stunden ausdehnte, nahm er die Beichte ab. Bis zu vierzehn Stunden täglich verbrachte er im Beichtstuhl, was sicherlich eine enorme physische Leistung war, zumal Padre Pio wenig schlief und kaum aß. Während er ausdauernd zuhörte, betete Pio ständig weiter. Er galt als strenger und dennoch gütiger Beichtvater. Da er die Seelen schauen konn-

17 Was über Padre Pio berichtet wird

te, hatte er in kurzer Zeit Antworten auf Fragen, die oft noch gar nicht gestellt worden waren. Seine prophetische Gabe verbarg er oft und sprach zuweilen scheinbar in Rätseln.

Padre Pio sah sich als einen Priester unter anderen, befolgte treu die Regeln des Mönchslebens und lehnte jedes Mitwirken an den wundersamen Heilungen, die man ihm zuschrieb, ab. »Danke Gott, danke der Heiligen Jungfrau, ich habe nichts dazugetan!« beschied er einmal einen Pilger.

Die Berichte von Genesungen, die durch Padre Pios Fürbitte und geistige Hilfe geschehen sind, füllen Bände. Einer der spektakulärsten Fälle ist der der blinden Gemma di Giorgi. Ihre Großmutter kam mit dem damals siebenjährigen Mädchen in Pios Messe. Padre Pio winkte das Mädchen durch die Menschenmasse zu sich. Dann machte er das Zeichen des Kreuzes auf Gemmas Stirn und schickte sie auf den Heimweg. Noch nicht zu Hause angekommen konnte Gemma, die von Geburt keine Pupillen hatte, sehen. Und daran hat sich auch nie mehr etwas geändert.

Das Kapuzinerkonvent Unserer Lieben Frau von den Gnaden, in dem Padre Pio wirkte, liegt an einem Berghang zwei Kilometer außerhalb von San Giovanni Rotondo. Foggia, die nächst größere Stadt, ist vierzig Kilometer entfernt. Die kleine Kirche der Kapuziner wurde bald zu eng, so dass Tausende Pilger im Freien an Padre Pios Messen teilnahmen. Die dann erbaute große Kirche erwies sich mittlerweile auch als zu klein. Inzwischen entsteht eine Kirche für über zehntausend Besucher. Jährlich reisen mehr als sieben Millionen Menschen in den süditalienischen Wallfahrtsort, mehr als nach Fatima und Lourdes zusammen.

Padre Pio war davon überzeugt, dass es für Kranke, bevor sie Gottes Beistand zur Genesung erbeten, wichtig ist, Hilfe durch Ärzte zu erhalten. Deshalb regte er den Bau eines Krankenhauses an. Einzig von Spenden finanziert, konnte

17 Was über Padre Pio berichtet wird

1956 nach neunjähriger Bauzeit das Casa Sollievo della Sofferenza (Haus zur Linderung des Leidens), mit Betten für tausend Patienten eines der modernsten Krankenhäuser Italiens, eröffnet werden. Seither ist es mit Spezialkliniken mehrfach erweitert worden.

Padre Pio verfügte über die seltene Gabe der Bilokation, d.h. ohne sein Kloster zu verlassen, konnte er, wie vielfach bezeugt wurde, gleichzeitig an anderen Orten sein. Dadurch war es ihm auch in der Zeit seiner Isolation möglich, in der Außenwelt zu helfen, zu ermutigen und Seelen zu Gott zu führen. Auch wenn Bilokation eines der erstaunlichsten mystischen Phänomene ist und innerhalb der Kirche als eines der schwierigsten Probleme gilt, so gab es immer wieder Heilige mit dieser Fähigkeit.

Das Verbreiten eines besonderen Wohlgeruchs, der von seinen Stigmata ausging, ist vielleicht das ungewöhnlichste Charisma Padre Pios, das zudem über sein Ableben hinaus erfahrbar ist. Der Duft ist Zeichen seiner Anwesenheit und signalisiert meistens Ermutigung oder Trost einer Seele in Not. Nicht immer bedeutet es die Antwort auf einen Hilferuf; es kann auch eine unvorhergesehene Botschaft sein.

Weder Wohlgerüche oder Bilokation, noch Stigmata oder Offenbarungen sind aus kirchlicher Sicht Voraussetzung für eine Selig- oder gar die nächste Stufe, die Heiligsprechung. Wichtig ist der »heroische Tugendgrad« des Kandidaten. Der wird vom Papst nach Prüfung durch die zuständige vatikanische Kommission mit der Unterzeichnung eines entsprechenden Dekrets attestiert. Vorher müssen medizinische Kapazitäten bestätigt haben, dass ihnen nach dem aktuellen Stand der Wissenschaft keine Erklärung für eine Heilung einfällt. Im Falle Padre Pios war es die Heilung der Consiglia De Martino, einer Hausfrau aus Salerno, die die Ärzte wegen ihrer Leukämie bereits aufgegeben hatten.

1995 wurde die damals 41-Jährige auf wundersame Weise gesund, nachdem sie in ihrer Not zu Pater Pio gebetet hatte.

In der ersten Maiwoche 1999 empfing De Martino auf dem Petersplatz die heilige Kommunion durch Papst Johannes Paul II. Hunderttausende Menschen aus aller Welt waren vor dem Petersdom und Millionen Christen vor den Fernsehschirmen dabei, als Padre Pio selig gesprochen wurde.

Für mich ist er schon lange ein Heiliger, denn er führte das Leben eines Heiligen. Und Wunder hatte er unzählige bewirkt.

Padre Pio starb am 23. September 1968. Die Stigmata verschwanden nach seinem Ableben völlig; nicht einmal Narben blieben an Händen und Füßen zurück.

Seine weltweite Popularität war dem gottgefälligen Pater stets zuwider. Ganz sicher hätte er auch ausgesprochen grimmig auf den Rummel reagiert, der inzwischen in San Giovanni Rotondo um ihn veranstaltet wird. Da gibt es praktisch nichts, was nicht mit seinem Abbild verkauft wird. Aber vielleicht erleichtern vielfache Lizenzgebühren Pios Krankenhaus die Aufgabe, Bedürftigen in seinem Sinne zu helfen.

18
Rosenduft und andere Gerüche

Die Erfahrung mit Padre Pios Rosenduft und das, was ich über ihn erfuhr, stellte mein bisheriges Weltbild erneut völlig auf den Kopf. An manchen Tagen hatte ich das Gefühl, dass ich das alles nicht verkraften kann, dass einfach zu viel Positives auf mich einströmt. Warum hat Padre Pio ausgerechnet mich ausgesucht? Welche Aufgabe hat er mir zugedacht?

Seit dem Moment, als ich den Rosenduft zum ersten Mal roch, bin ich von ihm begleitet worden. Er trat und tritt sporadisch auf.

In der ersten Zeit immer dann, wenn ich zu zweifeln begann. Hatte ich ihn zwei-, dreimal erlebt und blieb er dann ein, zwei Wochen aus, dann sagte ich mir schon, ach, das war alles Einbildung. Und urplötzlich duftet es wieder. Dann hat mich Padre Pio auf seine Weise zur Ordnung gerufen: »He, denk dran, mich gibt es noch. Und ich bin bei dir.«

Es dauerte schließlich drei, vier Monate, bis ich mich an die Duftsignale gewöhnt hatte, sie als das nahm, was sie bedeuteten. So wie ich vor Jahren akzeptieren lernte, dass es heilende Hände gibt, so akzeptierte ich nun die Existenz der geistigen Welt, wie sie sich mir immer wieder offenbarte. Und ich akzeptierte, dass sie mir durch Padre Pios Duft geistige Stärkung und Zeichen liebender Zuneigung zukommen ließ, die mir in den vergangenen Jahren in mancher inneren Notsituation beistand und mich immer wieder in meinem Glauben bestärkte.

18 Rosenduft und andere Gerüche

Ein halbes Jahr nach meinem ersten Telefonat mit dem Medium reiste ich mit ihm und meinem Sohn nach San Giovanni Rotondo (aus dem starken Bedürfnis heraus, Padre Pio nahe zu sein, mache ich das seitdem in jedem Jahr). Zuvor hatte ich Padre Pio gebeten, uns auf dieser Reise zu begleiten, was er zu unserer großen Freude auch tat.

Schon beim Abflug in Frankfurt duftete es nach Rosen, und der Duft blieb die ganze Zeit bei uns. Im Flugzeug in zehntausend Meter Höhe duftete es. Das kann man sich kaum vorstellen. Und wenn man es jemandem erzählt, glaubt das niemand. Mich würde es gar nicht wundern, wenn mich jemand, der die Geschichte hört, für einen Spinner hielte. Weil solche Erlebnisse einfach zu weit außerhalb der üblichen Lebenserfahrung liegen.

Meine Mitreisenden erlebten ebenfalls den Duft. »Ist ja toll«, bemerkte ich lächelnd. »Aber hier oben so nah an der Hauptverwaltung ist ja auch der Weg nicht mehr so weit.«

Der Duft begleitete uns in Rom beim Umsteigen, dann im Flugzeug nach Bari, von dort im Auto nach San Giovanni Rotondo und überall im Kloster. In der Kirche, am Kreuzweg und an Padre Pios Grab. Es war ein unbeschreiblich schönes Gefühl. Ich fühlte mich behütet und beschützt.

Dass der liebliche Duft auch als Aufforderung verstanden werden kann, erlebte ich bald, nachdem ich durch das Telefonat auf Padre Pio aufmerksam gemacht worden war. Eine ganze Zeit hatte ich gezögert, nach vielen, vielen Jahren wieder in die Kirche zu gehen. Da roch ich eines Samstags den Duft und deutete ihn als dringenden Hinweis: »He, Bengel, morgen ist schon wieder Sonntag. Und du willst nicht in Gottes Haus gehen?«

Also beschloss ich, am nächsten Morgen in die Kirche zu gehen. 8 Uhr 30 fand die erste Messe bei den Franziskanerpatern in Warendorf statt. »Weil du auch einer von denen bist, Papa (ich nannte Padre Pio immer so), gehe ich dir zuliebe zu denen«, dachte ich bei mir. Und stellte mir den Wecker auf 7 Uhr.

Brrrr. Ich machte die Augen auf. Draußen tiefster Winter und alles dunkel. Und da es heftig regnete und um 11 Uhr ja auch noch eine Messe war, zog ich die Bettdecke wieder unters Kinn.

Plötzlich ging in kurzen Abständen das Licht im Schlafzimmer an und aus und an und aus. »Was ist denn nun los?« fragte meine Freundin.

»Das ist der Papa. Ich hab doch versprochen, dass ich zur Kirche gehe«, beeilte ich mich zu antworten. Und noch mehr beeilte ich mich, aus den Federn zu kommen.

Während der gesamten Messe war der Rosenduft da. Meine Freundin und ihre Mutter, die auch mitgegangen war, rochen ihn ebenfalls. So feierte Padre Pio meine erste Messe nach langer Zeit mit mir.

Das flackernde Licht erlebte ich nie wieder. Aber seitdem stehe ich auch auf, um regelmäßig in die Kirche zu gehen.

Schon lange wundere ich mich nicht mehr, wenn der Rosenduft auftritt. Abgesehen davon, dass ein Christ ohnehin an Wunder glaubt. Aber wenn ich, was auch vorkommt, mal ein paar Wochen nichts rieche, dann empfinde ich das wie einen Ordnungsruf. Dann gehe ich in mich und frage mich: Was hast du verkehrt gemacht? Hast du ihn beleidigt? Oder verärgert? Hast du ihm wehgetan?

Bei dieser Art Gewissenserforschung erkenne ich meistens auch ein Fehlverhalten. Denn ich bin auch nur ein Mensch wie alle anderen und brauche die Sakramente wie wir alle. Padre Pio wurde einmal darauf angesprochen:

»Pater, du kennst mich. Ich sündige doch so gut wie gar nicht. Warum soll ich dann zur Beichte gehen?«

18 Rosenduft und andere Gerüche

»Pass mal auf«, antwortete Padre Pio. »Stell dir vor, du hast ein Haus mit fünf Zimmern. Und zwei Zimmer werden nur benutzt. Aber alle vier Wochen geht die Hausfrau auch in die nicht benutzten Zimmer und wischt dort Staub.«

In seiner bilderreichen Sprache meinte Padre Pio mit dem Haus die Seele. Ab und zu sollte man mal Staub wischen, denn irgendetwas hat sich da bestimmt abgelagert.

Schon bald, nachdem ich Padre Pio kennen gelernt hatte, fing ich an, anderen von ihm zu erzählen. Im Behandlungsraum hängte ich sein Bild auf und den Hilfesuchenden bot ich ein Büchlein über Padre Pio an, was als Geschenk gern angenommen wurde.

Verständlicherweise konnte und kann ich mir den Rosenduft nicht herbeiwünschen. Doch ein einziges Mal wagte ich es, um andauernden Duft zu bitten. Ich wollte unbedingt, dass mein Freund Heiner ihn mal erlebt, damit er an meiner Freude über Padre Pio teilhaben konnte. Heiner Lüttge-Bexten, ein Kerl wie ein Baum und gestandener Landmann, konnte ich mit religiösen Überzeugungen nicht kommen. Das war ganz und gar nicht seine Welt. Von Pferden verstand er sehr viel, von Psalmen gar nichts. Heiner war ein lieber Kerl, immer offen und immer hilfsbereit. Er kümmerte sich sehr um kranke Mitmenschen, er war immer für alle da, nur nicht für sich selber.

Normalerweise war der Wohlgeruch, wenn ich mein Zimmer verließ und kurz danach wieder zurückkam, verschwunden. Also bat ich inständig, als mal wieder mein Zimmer voll des schönen Duftes war: »Papa, bitte, bleib da drin und halt den Rosenduft. Der Heiner muss das erleben. Er ist der Einzige, dem ich das erzählen kann, dem ich mich mitteilen kann.«

18 Rosenduft und andere Gerüche

Ich machte die Türe zu, fuhr zu Heiners Hof, packte ihn ins Auto und erzählte ihm auf der Fahrt zum Talweg, worum es sich handelte. Heiner guckte mich an, als habe er einen gestreiften Schimmel entdeckt.

»Wenn Padre Pio das möchte, dann wird der Rosenduft auch da sein. Wart's ab«, sagte ich voller Hoffnung. Nach einer guten Stunde kamen wir zurück und gingen in das Zimmer. Ein gewaltiger Rosenduft!

Da wäre Heiner fast in Ohnmacht gefallen. Ihm wurde schwindelig, aber vor Rührung. Die Tränen liefen ihm nur so übers Gesicht. Er musste sich anlehnen und stand, westfälisch gesagt, mit seinen Gedanken irgendwo in der Petersilie.

Im Laufe der Jahre hatten die unterschiedlichsten Menschen – und das waren keineswegs nur Katholiken – während oder nach der Behandlung das Glück, ja, die gewaltige Gnade erfahren, den Rosenduft aus eigenem Erleben kennen zu lernen. Mal bleibt der Wohlgeruch für eine unbestimmte Zeit erhalten, ein anderes Mal ist er nur als flüchtiger Hauch spürbar. Er tritt bis heute immer wieder mal auf und wird in einer Behandlungsgruppe von ungefähr zwei Dritteln der Versammelten wahrgenommen. Einige erleben den Rosenduft auch in ihrem Hotelzimmer und kommen dann am nächsten Tag ganz verstört zur Behandlung. Für manche, die den Rosenduft erfahren dürfen, ist es einfach zu viel. Dann muss ich mich intensiv um die kümmern. Nachmittags, nach den Behandlungen, setzen wir uns dann zusammen und sprechen darüber. Ich kann die Menschen mit solchen Erlebnissen nicht einfach allein lassen.

Ich weiß ja aus eigener Erfahrung, wie schwer es ist, damit umzugehen. Und dass es noch schwerer ist, darüber zu reden. Ich erntete zumeist nur Lacher oder eindeutige Handzeichen. Das war schon grausam. Also sagte ich eine Zeit lang lieber gar nichts. Doch irgendwann hatte ich so viel erleben dürfen und war so gefestigt, dass es mir völlig egal war, ob da einer lacht oder nicht. Ich kann seitdem nur sagen: Ich wünsche, du würdest erleben, was ich erleben darf, dann wird es dir vielleicht auch besser gehen.

Für die, die den Rosenduft riechen, ist er ein Zeichen der Anwesenheit des Himmels. Er bedeutet aber keine Garantie auf Heilung. Denn wir wissen nicht und werden es nie erfahren, was der Herrgott für die einzelne Seele vorgesehen hat. Darf sie gesund werden? Muss sie noch leiden? Soll sie noch lernen? Wird sie Abschied nehmen? Niemand weiß das. Aber den Rosenduft erfahren und damit in dem Bewusstsein leben zu dürfen, der Himmel ist für mich da, das ist doch etwas Wunderschönes! Mehr Gnade kann ich mir für uns Menschlein nicht vorstellen.

19
»Sternchens« Himmelfahrt

Dass der Rosenduft nicht nur erfreuen, sondern zunächst starke Irritationen auslösen kann, merkte ich auch während einer Behandlung, die ich in der Praxis eines Arztes in München durchführte.

Es ging um ein homosexuelles Paar, beide an AIDS erkrankt. Dem einen drückte ich wie üblich das Padre-Pio-Büchlein in die Hand. Da sah er mich schweigend an und bekam etwas wässrige Augen. Während der Behandlung trat der Rosenduft auf. Seltsam.

Beim dritten oder vierten Termin fragte er: »Herr Drevermann, warum haben Sie ausgerechnet mir das Buch über Padre Pio gegeben?«

»Das gebe ich eigentlich allen«, entgegnete ich. »Warum sind Sie davon so angetan? Da ist doch irgendetwas …«

»Nun, ich kenne Padre Pio schon lange. Ich war selber Mönch, ich war Bruder im Franziskanerorden«, offenbarte er sich. Und verstummte.

Ich sagte auch nichts, denn ich ahnte, was in ihm ablief. Der Kapuzinerorden, dem Padre Pio angehörte, ging aus dem der Franziskaner hervor und ist deshalb dessen Mitgliedern bestens vertraut. Der ehemalige Mönch wusste sehr wohl, was der Duft bedeutete. Und konnte es nicht verstehen, dass auch er die Gnade des Rosenduftes erfahren durfte. Er sah sich plötzlich als Abtrünnigen, der nur sein oberflächliches Leben leben wollte, der aber nun mit seiner Vergangenheit konfrontiert wurde.

19 »Sternchens« Himmelfahrt

»Warum macht er das mit mir?« fragte er nach einigen Minuten des Schweigens.

»Was soll ich Ihnen sagen?« antwortete ich. »Als Pater müssen Sie das doch selbst wissen.«

Er wusste es, gewiss. Dieses Zeichen bedeutete doch, dass ihm verziehen worden ist. Sonst würde sich der himmlische Vater gar nicht gemeldet und sich bemerkbar gemacht haben. Es war ein Ruf zurück. Nicht ins Kloster, aber zum Glauben, zum Herrgott. Denken wir doch nur an das Gleichnis vom verlorenen Sohn.

Ich nehme an, dass der Mann sehr verunsichert worden war. Denn zum nächsten Termin kam er mit seinem Freund nicht mehr, so dass ich auch nicht sagen kann, welchen guten oder schlechten Verlauf ihre Krankheit genommen hat.

Ich weiß aus Erfahrung, dass Padre Pios Anwesenheit auch durch andere Gerüche vermittelt werden kann. Zum Beispiel durch den köstlichen Duft frisch gebackenen Brotes. Das ist eine Aufforderung, wieder zur Messe zu gehen und die Sakramente zu empfangen.

Nie vergessen werde ich »Sternchen«. Das war eine 38-jährige Mutter zweier kleiner Kinder, die wir wegen ihrer Liebenswürdigkeit nur »Sternchen« nannten. Schwerstkranke sind sehr oft ein Muster an Zurückhaltung und Bescheidenheit – manche andere, egozentrische Kranke könnten sie sich zum Vorbild nehmen, haben aber leider nur die eigene Nase im Sinn –, und »Sternchen« war uns besonders ans Herz gewachsen. Sie war so von Knochenkrebs befallen, dass sie nur noch Glasknochen hatte. Jeden Moment konnte sie sich wieder etwas brechen. »Sternchen« war praktisch an den Rollstuhl gefesselt, und es war schon ein Wunder, dass sie einige wenige Male aufstehen und ein paar Schrittchen machen konnte. Medizinisch gesehen war sie ein hoffnungsloser Fall. Immer wieder war bei der Behandlung in »Sternchens« Nähe der Rosenduft. Es war klar, der Himmel war bei ihr. Diese Seele war gut behütet. Es war aber auch klar, dass »Sternchens« Tage gezählt waren.

Nun ergab es sich, dass ich an einem Samstag im Mai 1997 mit meiner Freundin Gabriele nach Deutschland gereist war, um ihre Papiere für unsere bevorstehende Hochzeit zu besorgen. »Sternchen« wussten wir in der fachkundigen Obhut der Krankenhausmediziner von Ibiza. Mehr konnten wir zu dem Zeitpunkt nicht für sie tun. (Mit Ibiza greife ich an dieser Stelle dem chronologischen Gang der Dinge vor.)

Am folgenden Donnerstag, die ständige Besorgnis um »Sternchens« Wohlergehen war schon etwas in den Hintergrund gedrängt worden, saß ich mit Gabriele gegen sieben Uhr in Warendorf am Frühstückstisch. Plötzlich bekamen wir beide lange Nasen. Was ist das denn? Was riecht denn da so? Weihrauchduft! Ich konnte mir keinen Reim drauf machen.

Wir fuhren Richtung Wiesbaden, dem Sitz des zuständigen Amtes. Gegen elf Uhr war im Auto auf einmal ein gewaltiger Rosenduft. Was ist los? Was will er mir sagen? Will er mich warnen? Soll ich vernünftig, soll ich langsam fahren? Mir schossen auf einmal alle möglichen Gedanken durch den Kopf. Mehr als einmal hatte ich Rosenduft in Gefahrensituationen erlebt, und weil ich den Duft nun nicht deuten konnte, fuhr ich vorsichtshalber etwas langsamer.

Auf der Rückfahrt habe ich dann vom Auto aus Dr. Diller angerufen, der in Ibiza die Hilfesuchenden schulmedizinisch betreut, und gefragt, ob es etwas Besonderes gäbe. So wie man sich halt in Abwesenheit erkundigt. »Leider, ja«, antwortete er. »›Sternchen‹ ist heute Morgen gestorben. So um zehn vor sieben.«

19 »Sternchens« Himmelfahrt

Da ging bei mir die rote Lampe an. Mir war plötzlich klar, dass uns der Himmel mit dem Weihrauchduft sagen wolle, dass »Sternchen« tot ist. Und den Rosenduft vier Stunden später interpretiere ich als Zeichen dafür, dass »Sternchen« dann nach einer Übergangsphase bei unserem himmlischen Vater angekommen war. Sie ist jetzt bei ihm, sie fühlt sich wohl. Der Wohlgeruch war unmissverständlich ein Zeichen für etwas sehr Schönes.

Wieso Schönes, obwohl sie eben verstorben war? Nun, als »Sternchen« noch lebte und sich mit ihrer Krankheit quälte, tat sie mir sehr leid und ich war sehr traurig. Aber als ich dann sicher sein konnte, dass es ihr in der anderen Welt gut geht, war ich erleichtert und glücklich.

20
Den Seelenfrieden finden

Der irdische Tod gehört zum Leben. Er ist ebenso etwas Natürliches wie die Geburt. Allein die Werbung will uns einreden, dass das ganze Leben nur aus Spaß besteht. Wir alle aber wissen, dass unser Leben auch Mühe und Plage bedeuten kann. Und manchmal sehr viel davon.

Fast alle, die meine Hilfe suchen, haben für lange Zeit schwere Leiden ertragen. Und viele von ihnen sind sich der Nähe des Todes bewusst oder haben sich zumindest intensiv mit dem Thema beschäftigt. Fragen nach dem Wieso und Warum einer langwierigen Krankheit können Zweifel am Selbstverständnis auslösen und einen ständigen Konflikt zwischen den Erfordernissen des Alltags und der Suche nach dem Sinn eines solch erschwerten Lebens bedeuten. Warum tut er mir das an? fragen manche. Und: Warum gerade ich? fragen selbst Atheisten, die – ich habe es Dutzende Mal erlebt – am Lebensende fromm werden und einen Zugang zu Gott suchen und erflehen.

Meine Aufgabe ist es auch, zu lindern, wenn der Himmel für einen Menschen keine Heilung vorgesehen hat. Ob und warum das so ist, vermag ich nicht zu erklären. Aber ist es nicht ein Segen für die Betroffenen, wenn sie nach Wochen oder Monaten voller höllischer Schmerzen und nach ihrer Annäherung an den Herrgott tatsächlich Linderung ihrer Leiden erfahren konnten und womöglich schmerzfrei wurden? Wenn sie glücklich und in Seelenfrieden einschlafen konnten?

Des Öfteren berichteten mir die Angehörigen von Schwerstkranken, die verstorben sind, wie sehr sich ihre Lieben auf die Begegnung mit Gott, der Mutter Maria und den Heiligen gefreut und sich innerlich darauf vorbereitet hatten.

Die Erfahrung lehrt, dass der Mensch spürt, wenn es mit ihm zu Ende geht. Ein paar Tage oder gar Wochen vorher ist oftmals ein Aufbäumen oder Aufblühen zu beobachten. Manchmal kann die Lebensuhr noch ein Stückchen zurückgedreht werden.

Gemeinsam mit den Kranken muss ich alles versuchen, um Körper, Geist und Seele in Einklang zu bringen. In Fällen eines nahen Todes ist das, wenn man es so sehen will, eine Sterbehilfe. Es geht darum, den Weg zu Gott frei zu machen, das Zurückfinden zu ihm zu erleichtern.

Ich erinnere mich an eine Frau, deren skeptischer Mann erst durch Röntgenbilder überzeugt werden konnte, dass sich der Tumor seiner Frau schon gut um die Hälfte zurückgebildet hatte. Tragischerweise ist sie dann an Arteriosklerose gestorben. Schon vor ihrem Ableben hat sie ihrem Mann das Versprechen abgenommen, dass er im Fall ihres Todes mit Tochter und Enkelkind zu mir reisen und sich in ihrem Namen für alles bedanken wird, was ich für sie getan hätte. Er kam auch, leistete Abbitte und berichtete, dass es der sehnlichste Wunsch seiner Frau gewesen ist, den Rosenkranz von Pater Pio mit ins Grab zu nehmen. Auch wenn durch mich ihrem Körper nicht ausreichend geholfen werden konnte, der Seele hat es gewaltig gut getan.

Übrigens, zu helfen habe ich allen. Egal ob Jung oder Alt. Ich weiß auch nicht, warum es uns der Herrgott eingegeben hat, dass einem Kinder gefühlsmäßig noch näher stehen als Erwachsene. Und manchmal frage ich mich, versündigst du dich nicht, wenn Kinder bei dir einen höheren Stellenwert haben als eine betagte Oma?

Ich hatte mal in einer Gruppe einen, der war 89. Ich fragte ihn: »Was wollen Sie denn hier? Ihnen fehlt doch gar nichts.«

»Ich will hundert werden«, sagte er. »Dafür brauche ich Energie.«

Also: Jeder und jede hat ein Recht auf ein möglichst gesundes Leben und ein Recht auf Schmerzfreiheit bis zum letzten Moment. Wenn ich dazu verhelfen kann, tu ich es gerne.

Besonders problematisch ist meine Aufgabe bei schwerstkranken Kindern. Unser Reiseveranstalter, der die Patienten zu mir nach Ibiza bringt, verlangt in schwierigen Fällen aus gutem Grund eine Flugtauglichkeitsbescheinigung. Um die zu bekommen (weil sie nicht sagen wollen, dass sie ihr Glück bei einem Geistheiler versuchen wollen), machen die Eltern schwerstkranker Kinder dann schon mal ihrem Arzt klar, er wisse doch, wie es um das Kind steht. Und aller Wunsch sei es, noch einmal auf Ibiza gemeinsam Urlaub zu machen. Es könnte ja das letzte Mal sein. Der Doktor ist gerührt, stellt die Bescheinigung aus, und dann kommt ein todkrankes Kind zu mir.

Ich habe viel Verständnis für die Eltern und ich weiß, dass ich für sie der letzte Strohhalm bin. Das geht mir sehr unter die Haut. Ich sehe das leidende Kind und die leidenden Eltern und leide selbst mit. Die hoffenden, bittenden Augen sprechen so viel aus, dass ich schon Angst habe, die Hoffnungen nicht erfüllen zu können. Nach dem zweiten, dritten Tag sehen mich dann die Eltern immer noch hoffend, aber schon fragend und dann enttäuscht an, weil sie noch keine Besserung feststellen können. Ich aber weiß, dass sich in schweren Fällen nichts schnell bessert. Die Mischung aus Dankbarkeit, Hoffnungen und unausgesprochenen Vorwürfen ist nicht leicht auszuhalten. Da ist so viel Leid, Mitleid und Traurigkeit in mir, weil ich nicht weiß, ob ich die Erwartungen erfüllen kann. Und gleichzeitig muss ich Zuversicht ausstrahlen. Das gilt im Umgang mit erwachsenen Kranken sowieso, aber bei sehr kranken Kindern fühle ich mich, man möge mir verzeihen, noch mehr gefordert.

Glücklicherweise ließ der Himmel es in vielen Fällen zu, dass ich schwerstkranken Kindern zur Linderung ihrer Leiden oder gar zur Heilung verhelfen konnte. Doch es kam auch schon vor, dass meine Bemühungen nicht fruchteten und ich erfuhr, dass das Kind bald nach der Heimreise verstorben war. So wie die kleine Nadine, deren Vater mich weinend fragte: »Warum? Warum hat er das getan?«

»Ich weiß, dass Sie verzweifelt sind, und ich kann Ihren Schmerz nachempfinden«, antwortete ich und gab vorsichtig den Hinweis, dass wir wissen, wo Nadine hingegangen ist. »Sie als Eltern durften doch erleben, wie wir bei der Behandlung vom Himmel begleitet worden waren.«

Vielleicht erinnern sich die traurigen Eltern nach ein paar Monaten, wenn der unerträgliche Schmerz sich gewandelt hat, daran und können sich an die Gewissheit klammern, dass sie eines Tages im Himmel ihre Tochter wiedersehen werden. Hoffentlich ist es ihnen möglich, spirituellen Trost im Glauben zu finden und sich dem Gedanken zu öffnen, dass es ein Seelenheil gibt. Denn das sagt uns die Geschichte von Jesu Auferstehung, dass keine Seele verloren geht.

21
Als ich vom Brötchenholen kam, stand die Polizei im Haus

Dass ich den Rosenduft erstmals erleben durfte, als die Behörden mir immer mehr zusetzten und ich mich eindeutig gegen sie und für die Kranken entschieden hatte, sah ich als ein Zeichen des Himmels. Ich war nicht mehr allein in meinem Kampf gegen Unverständnis und bürokratische Hindernisse. Was kann mir schon ein kleiner Staatsanwalt, wenn ich die himmlischen Heerscharen auf meiner Seite habe? dachte ich zuweilen keck.

Mein Beharren wurde mir gewiss als Sturheit eines Uneinsichtigen ausgelegt. Doch, bitteschön, hätte ich denen auf dem Amt etwas von Padre Pios und damit des Himmels Beistand erzählen sollen? Vielleicht noch einem Mann, wie dem obersten Mediziner des Kreises, der mir sagte, was ich tue, sei wie Fahren ohne Führerschein, der also meiner Meinung nach kranke Menschen mit Maschinen verglich? In Nullkommanix wären die stämmigen Jungs in den langen weißen Jacken mit Riemen an den Ärmeln gekommen. Und ich wäre ganz plötzlich von der Bildfläche verschwunden gewesen.

Stattdessen bekam ich anderen unangenehmen Besuch. Mitte Januar 1991 kehrte ich eines Morgens vom Brötchenholen nach Hause zurück und wollte aufschließen, da wurde mir die Tür schon von innen geöffnet. Von einem der drei Uniformierten, die unverhofft in meiner Wohnung standen.

»Sind Sie Herr Drevermann?« fragte einer der Polizisten.

»Ja, bin ich wohl. Wer sind Sie? Was machen Sie hier in meinem Haus?« wollte ich wissen.

»Wir haben geklingelt und das Recht, ins Haus zu kommen.«

»Wie? Sie haben das Recht?«

»Das zeigen wir Ihnen jetzt, Herr Drevermann«, schnarrte nun ein anderer der drei, offensichtlich ihr Anführer. Er griff in seine Manteltasche, holte einen Hausdurchsuchungsbefehl der Staatsanwaltschaft Münster hervor und hielt ihn mir unter die Nase.

Das war ein Schlag ins Kontor! Ich zitterte und hatte schlichtweg Angst. Noch nie hatte ich etwas mit dem Polizeiapparat zu tun gehabt. Nun wurde ich wie ein Verbrecher behandelt und, ich empfand es so, in meinen vier Wänden massiv bedroht. Mir fiel kein besserer Einwand ein als »Wir wollten eigentlich jetzt frühstücken.«

»Das können Sie doch«, gab sich der Anführer jovial. »Frühstücken Sie doch.«

»Aber können Sie mir nicht mal erklären, was hier eigentlich los ist?« versuchte ich mir Luft zu verschaffen.

»Das ist eigentlich ganz einfach. Ich erklär Ihnen das«, meinte der Anführer in einer Tonlage, die keinen Zweifel am Ernst seiner Worte aufkommen ließ. »Wir haben hier eine Hausdurchsuchung. Das heißt, wir durchsuchen jetzt. Und wenn sie vernünftig sind, sind wir auch vernünftig. Sind Sie nicht vernünftig, sind wir auch nicht vernünftig. Sie haben jetzt das Recht, eine Person ihres Vertrauens anzurufen, die bei dieser Hausdurchsuchung dabei sein kann.«

Wo sollte ich von jetzt auf gleich einen Anwalt hernehmen? Da rief ich meinen Freund Hans Gerd Benders an, damit er mir beisteht. Er kam auch, so schnell es ging. Dreieinhalb Stunden stellten die Beamten alles auf den Kopf und suchten Beweise dafür, dass ich gegen das Heilpraktikergesetz verstoßen habe. Die fanden sie dann auch in Form von rund siebzehnhundert Dankschreiben von Menschen, die gesund geworden sind.

Mitte Juli 1991 erhielt ich ein weiteres Schreiben von der Kreisverwaltung Warendorf. Darin stand, dass ich die Untersagungsverfügung aus dem Vorjahr ignoriert und die »verbotene Ausübung der Heilkunde ohne Bestallung« fortgesetzt habe. Jetzt wurde das damals angekündigte Zwangsgeld von dreitausend Mark fällig und ein weiteres von sechstausend Mark angedroht. Außerdem müsste ich bei fortgesetzter Ausübung der Heilkunde mit bis zu einem Jahr Gefängnis rechnen. Die Sache mit der Volksgesundheit tauchte auch wieder auf. Eine »Behandlungsmethode, die darauf abzielt, Krankheiten zu heilen, ohne ihre mögliche Ursache in medizinischer Hinsicht in Betracht zu ziehen, zu wollen und zu können«, gefährde erheblich die Gesundheit der auf eine solche Weise behandelten Personen.

Die angesprochene Ursachenforschung überlasse ich sinnvollerweise anderen. Und in Betracht ziehen konnte ich zum damaligen Zeitpunkt nur noch, das Haus im Talweg 4 endgültig zu verschließen. Ich wusste, dass ich nun wirklich nicht mehr behandeln durfte, und ahnte, dass ich weg vom Fenster wäre, käme es zu einem solchen Urteil. Schließlich gibt es ja auch noch so etwas wie Beugehaft. Also aus und fini in Einen.

Prompt rannten mir die Leute wieder die Türe ein. Es spielten sich schreckliche Szenen ab. Das kann man sich kaum vorstellen. Traurige, weinende, verzweifelte und gar hysterische Menschen konnten nicht verstehen, warum ich ihnen jede Hilfe versagen musste, warum die Menschlichkeit wegen der Bürokratie auf der Strecke blieb.

Ich rief die Redaktionen des Radiosenders in Warendorf

21 Als ich vom Brötchenholen kam ...

und der »Glocke« an. »Kommt mal her, informiert euch vor der Tür, was hier los ist. Und bringt am besten den Oberkreisdirektor gleich mit, damit er für mich die Leute wegschickt!«

Auch diesmal wurde ich von der gesamten Dorfgemeinschaft unterstützt. Die Leserbriefwelle schwoll wieder an. Und nachdem ich in einem Interview angedeutet hatte, dass ich, weil mir nichts anderes übrig bliebe, versuchen werde, künftig im Ausland tätig zu sein, zog man empört durchs Dorf bis zur Kreisverwaltung nach Warendorf. Im Tross der Demo ratterten Mähdrescher und Traktoren mit, auf denen eindeutige Transparente montiert waren: »Rolf, du musst weitermachen!«, »Rolf, du darfst nicht weggehen!« und »Rolf, wir brauchen dich!«.

Einer, der in der vordersten Reihe für mich stritt, war Dachdeckermeister Bernhard Güldenarm mit seiner Frau Angelika. Er hatte einen Meisterbetrieb mit einem Dutzend Mitarbeitern, war als 34-Jähriger geschäftlich aus dem Gröbsten raus und hatte plötzlich vor dem Aus gestanden. Denn Bernhard erlitt einen doppelten Bandscheibenvorfall, und die Ärzte machten ihm wenig Hoffnung: »Machen Sie sich damit vertraut, dass Sie operiert werden müssen. Kann sein, dass Sie im Rollstuhl landen, kann aber auch sein, dass Sie wieder fit werden. Aber auf dem Dach werden Sie nie wieder sein.« Und als besonderen Trost empfahl man ihm, sich schon mal Gedanken wegen einer Umschulung zu machen. Dann kam Bernhard zu mir in Behandlung und er wurde wieder völlig gesund.

Bernhard wurde nach Heiner mein zweiter, wie man so sagt, dicker Freund im Dorf. Auch er war immer für mich da. Wir machten zusammen Urlaub, und wenn ich mal handwerkliche Hilfe brauchte, waren seine Leute zur Stelle.

21 Als ich vom Brötchenholen kam ...

Was ich aber angesichts der Entwicklung damals dringend brauchte, war juristische Hilfe. In Dr. Peter H. fand ich einen tüchtigen und versierten Anwalt, der mit mir in den Kampf gegen die Behörden zog, der Jahre dauern sollte. Als Erstes legte er Widerspruch gegen die jüngste Verfügung des Landkreises ein. Vergeblich, wie sich bald zeigen sollte.

22
Wie ich Fergus vor dem Schlachthof rettete

Da ich in Einen nicht mehr behandeln konnte, hatte ich viel Freizeit und besuchte oft meinen Freund Heiner. Nach Feierabend, wenn er die Pferde im Stall hatte, fuhr ich besonders gern zu ihm. Das war so entspannend. Wir saßen dann auf der Haferkiste, rauchten ein Zigarettchen, tranken ein Bierchen und hörten den Pferden zu, die besonders im Frühjahr und im Herbst mit Möhren gefüttert wurden. Möhren reinigen sagenhaft das Blut der Tiere. Das ist wie eine Blutwäsche.

Manchmal saßen wir eine Stunde und länger da und haben nur gelauscht. Diese Geräusche, wunderbar! Das Knacken der Möhren und das Mahlen des Hafers, das war so beruhigend, das war alles nur schön. Wir haben da einfach nur zugehört.

In dem Stall war auch Fergus, ein siebenjähriger Hannoveraner Wallach, den Heiner auf irgendeiner Auktion gekauft hatte. Es war ein bildschönes Tier mit ausdrucksvollem Kopf. Fergus wurde dann krank. Er hatte über ein Vierteljahr lang entzündete Fesseln, die um das Zwei- bis Dreifache angeschwollen waren. Irgendwie war er verurteilt, denn kein Tierarzt konnte ihm helfen, gesund zu werden.

Eines Abends fragte ich Heiner: »Du, was ist eigentlich mit dem Fergus?«

»Tut mir Leid. Guck ihn dir doch an«, antwortete Heiner. »Ich hab mir mehr von ihm versprochen. Leider geht der morgen nach Frankreich zum letzten Stechen.« Im Klartext: Fergus sollte Schlachtvieh werden.

In dem Moment schaute das Pferd mich an, als wollte es sagen: »Haste das gehört? Haste gehört, was die mit mir vorhaben? Das kann doch nicht wahr sein!«

Dieser Blick hat mein Herz so gerührt, dass ich spontan zu Heiner sagte: »Der geht nicht nach Frankreich. Du kriegst den Schlachtpreis und zwei Stallmieten im Voraus. Fergus kriegt hier das Gnadenbrot. Der geht nicht in die Wurst.«

Heiner sah mich an, als sei ich verrückt geworden. Er, der erfahrene Pferdewirt, der im Stall aufgewachsen war, gab dem Rappen keine Chance. »Der wird nie wieder was. Hör doch auf damit.«

Egal, was er sagte, ich blieb dabei. Ich bat ihn inständig, Fergus hier zu lassen, damit er leben kann.

»Naja, wie du willst«, willigte Heiner schließlich ein, »ich verkauf ihn dir.«

Von einer Sekunde zur anderen war ich stolzer Pferdebesitzer geworden. Für zweitausend Mark hatte ich angeblich Sauerbraten gekauft. Ich bin dann täglich zum Stall gefahren. Morgens, mittags und abends habe ich meinen Fergus behandelt. Nach zweieinhalb Wochen stand der wie eine Eins im Stall und war völlig gesund. Alle vier Beine waren wieder heil. Als der Tierarzt das sah, war er baff.

Heiners Tochter Anja, eine begeisterte Dressurreiterin, hat sich dann mit Fergus angefreundet und mich eines Tages gefragt, ob sie nicht mit ihm Turniere reiten dürfte. Klar, durfte sie. Ich war stolz, dass die beiden mehrere Turniere gewinnen konnten. Stets kam Fergus mit einer Platzierung unter den ersten Fünf nach Hause.

Gewiss war das zwischen Fergus und mir Liebe auf den ersten Blick. Im Laufe der Zeit entwickelte sich eine starke

Sympathie. Sobald er mein Auto hörte, wenn ich mich dem Stall näherte, fing er an zu wiehern. Ich glaube, in seinem Kopf ist etwas vorgegangen. Ich möchte behaupten, dass der ganz genau wusste, was sich da abspielte.

Er war sehr liebevoll. Kaum kam ich in den Stall und machte seine Stalltür auf, da kam er einen Schritt nach vorne und legte sein Maul auf meine rechte Schulter. Mit der Oberlippe spielte er an meinem Ohrläppchen rauf und runter. Stundenlang. Solange, wie ich stehen blieb, hatte der nichts anderes zu tun, als mit meinem Ohrläppchen zu spielen. Das war toll.

Nachdem Anja geheiratet hatte, konnte sie sich nicht mehr täglich um Fergus kümmern. Auch ich stand, da meine Wanderschaft nach Italien absehbar war, bald nicht mehr ständig zur Verfügung. Also suchten wir für Fergus einen neuen, guten Besitzer. Das war ja ein lammfrommes Tier, die Liebe in Person, der brauchte einfach die richtige Heimat. Wir fanden dann auch eine ältere Dame im Münchener Raum, die genau so ein Tier wie Fergus suchte. Dort lebt er noch heute bei derselben Besitzerin, und die beiden erfreuen sich aneinander. Es geht ihm gut. Ich bin glücklich, dass ich weiß, wo er wohnt und wie gut er dort untergebracht ist. Inzwischen habe ich ihn noch zweimal besucht.

In einer Pferdegegend wie im Raum Warendorf hätte ich als Tierheiler ausgesorgt gehabt. Doch ich verpflichtete Heiner zum Stillschweigen. Nicht nur, weil ich befürchten musste, dass dann der Amtszirkus auf Betreiben der Tierärzte losgegangen wäre. Sondern vor allem deshalb, weil es eine grundsätzliche Abwägung war, wofür ich meine Heilkräfte einsetze. Für mich steht der Mensch, nicht das Tier an erster Stelle. Ich hatte ja gesehen, welches Elend es unter den Menschen gibt. Da war für mich die Entscheidung klar.

Ich erinnere mich noch an dubiose Anrufe, die ich nach der ersten »Quick«-Serie bekommen hatte. Wie zum Beispiel eine Frau jammerte: »Mein Hund ist krank. Ich liebe meinen Hund, bitte helfen Sie ihm. Koste es, was es wolle.« Was ja aus ihrer Sicht verständlich sein mag. Doch dieses Hilfe-erzwingen-Wollen um jeden Preis irritiert mich immer noch.

Beispielsweise hatte jemand damals versucht, meine Sekretärin mit dreitausend Mark zu bestechen, nur damit man den Hund zur Behandlung bringen konnte. Ich bin noch nie käuflich gewesen. Und glücklicherweise meine damalige Mitarbeiterin auch nicht. Wenn ich total ausgebucht und eine Wartezeit von drei oder vier Monaten unumgänglich war, bot man ihr ebenfalls Geld. »Jetzt schieben Sie uns mal dazwischen, das braucht der ja gar nicht zu merken«, versuchte man sich Vorteile zu verschaffen. Sie lehnte ab und erzählte mir brav, dass da schon wieder jemand Geld für eine bevorzugte Behandlung geboten hatte.

Prinzipiell wurden und werden alle gleich berücksichtigt und gleich behandelt. Ausnahmen gibt es nur für jene, die bereits eine Behandlungsreihe durchgemacht haben und einen Anschlusstermin brauchen, damit sie hundertprozentig wiederhergestellt werden. Die werden im Bedarfsfall dazwischengeschleust. Ansonsten bitte ich die Hilfesuchenden um Geduld und Verständnis, dass sie eventuell etwas auf einen Termin warten müssen.

23
In Großbritannien arbeiten Ärzte und Heiler Hand in Hand

Dass auch Tiere für positive Energien empfänglich sind, habe ich im Fall von Fergus erlebt. Wenn ich ihn behandelte, blieb er ruhig stehen. Das tat ihm offensichtlich gut. Das spürte ich deutlich.

Dass Fergus trotz der schlechten Prognosen Heiners und seines Tierarztes gesund wurde, kann nicht am so genannten Placebo-Effekt (d.h. einer Heilung mit an sich unwirksamen Mitteln) oder einer Autosuggestion gelegen haben. Wie diese oft als Vorwurf erhobenen Erklärungen einer nicht schulmedizinisch herbeigeführten Besserung oder Heilung auch nicht bei vielen kleinen Kindern zutrifft, denen ich im Laufe der Jahre helfen konnte. Beide, Tiere und sehr junge Menschen, haben kein Bewusstsein ihrer Krankheit und auch keine Einsicht in den Krankheitsverlauf, was aber nach gängiger Auffassung Voraussetzung für einen Placebo-Effekt ist.

Nun gut, warum sollten nicht manche meiner Erfolge auf suggestive Einflüsse oder Spontanheilungen oder eine Kombination von beidem zurückzuführen sein? Ich habe keine Schwierigkeiten damit. Ich halte Placebo für nichts Schlechtes; wichtig ist doch, dass dem Kranken geholfen wird. Könnten die Mediziner besser mit Placebos umgehen, dann wäre manchem Kranken auf welche Weise auch immer geholfen.

Dass Placebos wirksam sein können, ohne dass die Schulmediziner eine Erklärung dafür haben, ist ihr Problem.

23 In Großbritannien arbeiten Ärzte und Heiler Hand in Hand

Doch – bei aller Wertschätzung, die Mediziner verdienen – so zu tun, als wären alle anderen Heilmethoden nur Kurpfuscherei und Scharlatanerie, scheint mir unangemessen. Auch wenn meiner Meinung nach in der Heilerszene viele Scharlatane herumlaufen, die einzig auf das Geld der Leute aus sind und über keinerlei heilende Fähigkeiten verfügen, die aber (schon daran kann man sie erkennen) Heilversprechen abgeben. Diese Betrüger von jenen, die etwas zum Wohle der Kranken bewirken können, zu unterscheiden und jene arbeiten zu lassen, wäre eine noble Aufgabe der Behörden.

Wie das zu bewerkstelligen wäre? Im Prinzip ziemlich einfach. So könnten Heiler eine gewisse Zeit, etwa ein halbes Jahr lang, mit Medizinern zusammenarbeiten. Dann würde sich bald herausstellen, wer was kann und wer nicht. In manchen Gegenden Europas wie Holland und den skandinavischen Ländern ist eine solche Zusammenarbeit inzwischen normal. In Großbritannien, zum Beispiel, sind über 1500 Kliniken für Heiler zugänglich. Und seit 1985 dürfen dort niedergelassene Ärzte ihre Patienten an Heiler überweisen, sofern sie den Behandlungsverlauf weiterhin überwachen. Da es sich in den allermeisten Fällen um Patienten handelt, bei denen die schulärztliche Medizin nicht hat helfen können, ist auch die Wirtschaftlichkeit der Praxen nicht gefährdet.

Ich selbst habe auf Anregung der »BZ«, der größten Berliner Zeitung, im Sommer 1992 in Gegenwart eines Internisten, eines Neurologen, eines Psychoanalytikers und eines Hals-Nasen-Ohren-Arztes von ihnen ausgewählte Patienten erfolgreich behandelt, denen sie selbst nicht mehr helfen konnten. Nicht, dass ich irgendwelche Tätigkeitsbeweise noch gebraucht hätte, zumal ja unter jenen, denen ich helfen konnte, auch mehrere Ärzte gewesen sind. Aber

23 In Großbritannien arbeiten Ärzte und Heiler Hand in Hand

es hatten sich bei der Redaktion zahlreiche Berliner gemeldet und berichtet, dass sie nach Einen gefahren waren und ich ihre Leiden lindern oder beenden konnte. Statt diese Berichte abzudrucken, wollte sich die Redaktion selbst überzeugen, tat es und lobte mich danach in großen Schlagzeilen.

24
Einsam in den Bergen

Vorschlägen, wie man zum Wohle der Kranken die Fähigkeiten von Heilern nutzen könnte, war der Oberkreisdirektor von Warendorf nicht zugänglich. Ich gebe ja zu, dass es nicht in seinem Zuständigkeitsbereich lag, die gültige Gesetzeslage entsprechend zu ändern. Aber wenigstens zuhören hätte er mir doch mal können. Mehrfach hatte ich ihn und seinen obersten Mediziner eingeladen, sich doch mal vor Ort ein Bild von der Sache zu machen. Statt einer Antwort schickte er Mitarbeiter des Gesundheitsamtes zur Observation der Hilfesuchenden auf die Straße. Man sammelte Beweise, um meinen Einspruch gegen die Verfügung ablehnen zu können.

Mitte 1992 erhielten zahlreiche ehemalige Patienten, deren Adresse in den bei mir beschlagnahmten Unterlagen stand, Post von der Kriminalpolizei. Sie wurden zu einer Einvernahme in der Sache Drevermann vorgeladen. Was ich denn wie lange getan hätte, was das gekostet hätte. Ob bar, per Scheck oder per Überweisung bezahlt worden war und sogar völlig Absurdes wurde gefragt, etwa ob man sich entkleiden musste.

So weit mir bekannt wurde, antworteten alle Befragten wahrheitsgemäß. Was nur bedeuten konnte, dass von Amts wegen registriert werden musste, dass den Menschen nur geholfen, nie geschadet worden ist. Später erfuhr ich durch eine Statistik in der Anklageschrift der Staatsanwaltschaft sogar, wie oft ich erfolgreich gewesen bin. Mit

Fallzahlen und Heilquoten. Was haben die im Papier gewühlt!

Einer, der auch vernommen wurde, war Hans-Werner R. aus O., ein Augenarzt. Der hatte Menierisches Syndrom; dem wurde in seiner Praxis regelmäßig schwindlig. Das war so heftig, dass er sich hinlegen musste. Eine halbe Stunde später konnte er dann zwar wieder arbeiten, aber er wusste nie für wie lange.

»Sehen Sie mal« meinte der Dr. R. während der Befragung, »der Drevermann hat mich geheilt. Ich bin noch heute in meiner Praxis tätig.«

»Hm, wissen Sie, wir verstehen das ganze Theater auch nicht. Aber wir müssen es halt machen«, entgegnete der Kripomann fast entschuldigend und sagte zum Schluss: »Sie kennen den Drevermann doch gut. Ich hab selber Schmerzen. Können Sie mir nicht mal einen Termin bei ihm besorgen?«

Er war übrigens nicht der einzige Untersuchungsbeamte, der aus privaten medizinischen Gründen Kontakt mit mir suchte.

»Wenn du glaubst, es geht nicht mehr, kommt von irgendwo ein Lichtlein her«, heißt es im Volksmund. Genau so erging es mir oft, nur dass ich sehr wohl wusste, dass das Lichtlein stets ein Zeichen des Himmels war. Immer, wenn meine Lage aussichtslos schien, öffnete sich eine Tür, durch die ich schlüpfen konnte.

So half mir Dr. Horst Schüler, einer der Ärzte in Einen, denen ich im Bedarfsfall Hilfesuchende schicken konnte, indem er mich auf eine Behandlungsmöglichkeit außerhalb des Landes hinwies. Er hatte bereits Kontakte nach Südtirol geknüpft und mir empfohlen, dort tätig zu werden, weil man meine Arbeit in Italien nicht als gesundheitsgefährdend betrachten und deshalb nicht verbieten würde.

Höchst ungern wollte ich die Menschen verlassen, die bei mir in Einen an die Tür klopften. Doch die Behörden machten mir den Entschluss dadurch leichter, ja, zwangen mich praktisch dazu, indem sie auf einmal auch noch gegen meine damalige Lebensgefährtin und meinen Sohn wegen Beihilfe zum Verstoß gegen das Heilpraktikergesetz Ermittlungen anstellten. Nur weil die beiden die Tür geöffnet oder das Telefon bedient hatten, um den Hilfesuchenden Termine zu geben.

So bin ich dann nach Südtirol gefahren, um die Möglichkeiten zu prüfen. Innerhalb weniger Wochen war alles perfekt. Ich konnte im Hotel Florian in Seis am Schlern, das liegt bei Kastelruth, behandeln.

Auch wenn es aufwendiger war als die Fahrt nach Einen, so hatten die Hilfesuchenden aus Deutschland doch wieder die Möglichkeit, zu mir zu kommen. Das Telefon im Talweg blieb in Betrieb; das konnte man nicht verbieten. Und von dort wurden weiterhin Anfragen beantwortet und die Reisen nach Südtirol organisiert.

Aufgrund der Räumlichkeiten im Hotel konnte ich statt der Einzeltermine nun Gruppensitzungen durchführen, was ich auch heute noch tue. Es hat sich erwiesen, dass das kollektive Erleben positiver Gefühle und im besten Fall der Gleichklang der Seelen sehr förderlich für die Aktivierung der Selbstheilungskräfte ist.

Dabei widme ich mich nacheinander jedem Einzelnen und zugleich allen anderen. Jeder wird ständig mit Heilenergie versorgt. Während ich beim ersten sitze, hat auch der in der letzten Reihe etwas davon. Denn die positiven Energien sind während der ganzen Zeit im Raum. Jeder in der gesamten Gruppe kann jederzeit diese Kräfte in sich aufnehmen.

Mir wurde bald klar, dass auch jenen Menschen geholfen werden musste, die nicht das Geld für eine Reise nach Südtirol hatten. Und so legte ich von den Einnahmen Budgets an, damit auch Minderbemittelte zur Behandlung nachreisen können. Dass diese Vergünstigung zuweilen auch schamlos ausgenützt wurde, liegt vielleicht in der Natur des Menschen. Mich hat es damals maßlos geärgert. Und das tut es heute noch, denn ab und zu begegne ich wieder solchen Mitmenschen.

»Ich hab ja kein Geld, aber ich bin so krank. Und jetzt kann er uns nicht mehr helfen«, so und ähnlich wurde per Telefon nach Einen gejammert. Überprüft wurde das nie, meine Mitarbeiter und ich haben es einfach geglaubt. Dann hörte ich eines Abends unbemerkt, wie eine Dame, die zu Gratisbehandlungen gekommen war, ihrer Leidensgefährtin erzählte: »Wir haben vor ein paar Wochen unsere beiden Wohnmobile verkauft. Naja, in unserem Alter braucht, man das ja nicht mehr.«

Daraufhin habe ich sie am nächsten Tag nach Hause geschickt. Was für eine Sünde! Solche Leute haben Geld und nehmen anderen, die keines haben, einen Therapieplatz weg, den sie dringend benötigen.

Übrigens: Kinder behandele ich grundsätzlich kostenlos. Weil doch schon vor zweitausend Jahren einer gesagt hat: »Wer ein Kind aufnimmt, nimmt mich auf.« Damit ich noch in größerem Umfang kranken Kindern helfen kann, entstand auf meine Anregung hin in Warendorf der Förderverein »Geistige Heilung für bedürftige schwerstkranke Kinder e.V.«, auf dessen Konten erfreulicherweise von einigen, denen Hilfe zuteil werden konnte, gespendet wird. Im Vorstand sind Bankkaufleute, Juristen und Pädagogen vertreten, die über den sachgerechten Einsatz der Mittel entscheiden und die sich mit mir sehr freuen würden, wenn die segensreiche Arbeit des Vereins noch mehr unterstützt werden würde.

In Einen hatte ich gelernt, dass ich auf die Menschen zugehen musste, um zur Dorfgemeinschaft zu gehören. In Seis war das unmöglich. Die Bergler sind ein besonderer Menschenschlag. Für die ist selbst einer aus dem Nachbardorf ein Außenstehender. Das sind alles eingeschworene Gemeinschaften, da kriegt keiner einen Fuß in die Tür; ein Ausländer wie ich schon gar nicht.

Akzeptiert wird man von jenen, mit denen man unmittelbar geschäftlich zu tun hat. Als Geldbringer war ich willkommen. Zum Beispiel für den Taxifahrer, der meine Gäste von der Bahn abholte und am Wochenende mit seinem Kleinbus Spazierfahrten durchführte. Oder für den Zeitungshändler, der war auch sehr nett, kauften doch die Leute ihren Tabak und ihre Lektüre bei ihm.

Einmal hatte ich die Stirn besessen und mich in der Wirtschaft an einen Tisch mit Einheimischen gesetzt. Ich hatte kaum zwei Sätze Hochdeutsch gesprochen, da legten sie in ihrem Dialekt los, dass mir die Worte nur so um die Ohren flogen und ich überhaupt nichts verstehen konnte. Sie gaben sich auch nicht die geringste Mühe, so zu sprechen, dass ich etwas verstehen konnte.

Und so sehr sich die Einheimischen abschotteten, so sehr igelte ich mich ein. Die, die zu mir kamen, waren alles Deutsche. Ich habe mich bemüht, dass in der Gegend gar nicht erst bekannt wurde, dass es mich gibt. Und wenn doch mal ein Südtiroler von mir gehört hatte und gekommen war, dann schickte ich Florian, den Hotelwirt, vor. Es täte mir Leid, ich sei völlig ausgebucht, flunkerte er.

Das war vielleicht auch nicht richtig, denn es fragten ja leidende Menschen an. Doch ich meinte, zur Notlüge greifen zu müssen, weil ich auch in Seis bereits unangenehme Erfahrungen gemacht hatte.

Wie überall zahlte ich auch in Südtirol meine Steuern. Zudem hatte ich bei den italienischen Behörden meine Tätigkeit angemeldet. Doch den Standesdünkel der dortigen Ärzte zu überwinden, schaffte ich nicht. Einer von ihnen meinte gar, mich anzeigen zu müssen.

So fuhr eines Tages ein Mannschaftswagen voller Carabinieri vor das Hotel. Die Uniformierten sprangen vom Auto und postierten sich mit ihren Maschinenpistolen rund ums Gebäude. Niemand konnte mehr raus noch rein. Dann begann der Oberst der Gruppe mich auf Deutsch zu vernehmen.

Ich erzählte ihm, worin meine Tätigkeit besteht. Er meinte nur: »Wenn's denn hilft, ist es in Ordnung. Ich werde einen positiven Bericht schreiben. Mach dir mal keine Sorgen.«

Dann unterhielt er sich noch mit Mandy, die gerade in Behandlung war. Mandy litt schon als Baby an Sehstörungen. Viel später hatte man entdeckt, dass sie einen Tumor im Kopf hatte, der mit acht Operationen entfernt wurde. Nach dem letzten Eingriff sagten ihr die Ärzte, dass sie nie wieder wird sehen können. Fünf Tage lang hielt ich während zweier Sitzungen täglich meine Hände über ihre Augen. Als die italienische Polizei mich vernahm, war gerade ihr sechster Behandlungstag.

»Stell dir vor«, sagte sie freudestrahlend zum Chef der Carabinieri, »gestern hätte ich dich nicht erkannt. Aber heute kann ich dich sehen. Ist das nicht toll?«

Da war der Mann fertig. Mit Tränen in den Augen drehte er sich von uns ab und murmelte nur: »Versteh ich nicht.«

Ein Vierteljahr später erhielt ich ein Schreiben von einer

Staatsanwältin, die mir mitteilte, dass ich nichts getan hätte, was im italienischen Staat nicht erlaubt wäre.

Auch wenn das ein glatter Freispruch war, so fühlte ich mich in Südtirol seit der Überprüfung durch die Uniformierten nicht mehr wohl. Ich merkte, dass die Angst wieder in mir hochkroch. Habe ich denn Besuche mit Maschinenpistolen verdient? Betrachten die mich auch als Verbrecher? Fängt da vielleicht doch wieder ein Spießrutenlaufen an? Was steht mir noch alles bevor? Was kommt denn als Nächstes?

Wie so oft in Notsituationen gab mir der Trost der Mutter Gottes und der Heiligen die Kraft und die Motivation, weiter zu machen. Ganz alleine wohnte ich in Seis in einer Holzhütte unweit des Hotels. Im Hotel selbst konnte ich nicht bleiben, weil ich nie in Ruhe gelassen wurde. Kaum hatten Hilfesuchende herausgefunden, welches mein Zimmer war, da belagerten sie mich schon. Also ab in die Hütte. Und dort hockte ich manchmal wie ein Häufchen Elend. Da war ich wirklich sehr einsam. Vieles ging mir durch den Kopf, und ich konnte mit niemandem drüber reden.

Meiner Aufgabe fühlte ich mich immer noch nicht ganz gewachsen, ich war immer noch unsicher. Denn das Wissen um die Fähigkeiten ist eine Sache, das Erkennen eine ganz andere und das Anerkennen eine dritte. Dieser innere Prozess dauert Jahre.

Die ständige Konfrontation mit den Schicksalen der Kranken war und ist eine starke Belastung. Zudem machte ich mir damals große Sorgen um die berufliche Zukunft meines Jungen. Wir waren ja wieder entzweit, und ich fragte mich oft wie wohl viele Väter: Wie geht es ihm? Ist er fleißig genug? Schafft er seine Prüfungen?

Und wenn ich so richtig traurig war und die Tränen kullerten, wurde ich so lieb getröstet durch den Rosenduft. Ich hab stundenlang geheult. Und bin stundenlang getröstet worden.

Fünf Monate übers Jahr verteilt konnte ich in Seis arbeiten. Die andere Zeit des Jahres wurde das Hotel für Touristen benötigt. Ich fuhr dann jedes Mal wieder nach Einen und hatte mehr Freizeit, als ich haben wollte.

25
Warum ich auf Gott aufmerksam mache

Die Carabinieri kamen später noch mal wieder, um mich zu kontrollieren. Was sie erneut in Trab gesetzt hatte, wusste ich nicht. Aber nun konnte ich ganz beruhigt ein Zertifikat vorweisen.

Es gibt in Mailand eine private Universität, die sich mit Pranatherapie und Physioenergetik befasst und dieses Berufsfeld in Italien salonfähig gemacht hat. Jeder, der dort seine Kurse erfolgreich absolviert, wird beim Amtsgericht in Mailand eingetragen und kann tätig werden.

Irgendwie hatten die Forscher von meiner Arbeit erfahren und waren interessiert, mich kennen zu lernen. Ich meinerseits hatte das größte Interesse daran, in Ruhe für die Hilfesuchenden tätig werden zu können. Und wenn eine Prüfung mir künftig den Rücken von amtlichen Nachstellungen frei halten würde, umso besser.

Aus meiner Sicht war es keine richtige Prüfung, denn man verlangte zum Beispiel keine Heilung unter Aufsicht (zumindest nicht von mir, weil ich damals in Fachkreisen schon einen Namen hatte), sondern beschäftigte sich intensiv mit dem Messen von Energien und mit der Beschreibung von Energiefeldern. Gut, mir kam das entgegen, hatte aber mit meiner Tätigkeit nichts gemeinsam. Die Fähigkeiten, die ich bekommen habe, stufe ich weit höher ein als das, was die Mailänder unter Pranatherapie verstehen.

Ich bestand also die so genannte Prüfung mit Glanz und Gloria und erhielt die entsprechende Urkunde, was mir meine Arbeit in Südtirol schon erleichtert hat. Wirkliche Hilfe, ich meine geistigen Beistand, erhielt ich glücklicherweise auch.

In Seis war mir der ortsansässige Priester nicht so wohlgesonnen. Doch ich wurde nach Maria Weißenstein geführt, einem Kloster der Serviten, dem Orden der Diener Mariens, in dem ich mich als glühender Marienverehrer besonders wohl fühlte. Papst Johannes Paul II. hat Maria Weißenstein, das er besucht hat, inzwischen zum heiligen Ort erklärt.

Ich lernte dort Pater Mario kennen, einen Italiener, der sehr gut deutsch sprach. Er wurde für die Zeit in Südtirol mein Beichtvater. Mit ihm konnte ich über alles sprechen. Ich war glücklich, dass ich jemand gefunden hatte, der Verständnis für meine Situation hatte, der mir glaubte und, was noch wichtiger war, bereit war, mir zu helfen.

Wenn ich mal ein Seelenleid hatte, rief ich ihn an, ob er Zeit habe. Dann bin ich eineinviertel Stunde bergauf und bergab die ganzen Serpentinen entlang ins Kloster gefahren. Dort fühlte ich mich zu Hause. Da war Wärme, da war Liebe, da war einfach all das, was ich brauchte. Und immer wurde ich von wunderbaren Düften begleitet.

Pater Marios Vertrauen war so groß, dass er mir für kranke Kinder, die nicht zur heiligen Messe gehen konnten, die Kommunion mitgab. Die durfte ich ihnen dann geben.

Nun mag man einwenden, das sei nicht meine Aufgabe. Ich meine, doch. Allein deshalb, weil mich Pater Mario beauftragt hatte. Zum anderen, weil ich es als meine Pflicht ansehe, Wege zum Glauben und zu Gott aufzuzeigen. Und mache auch kein Hehl daraus.

Schon in der ersten Besprechung mit jeder neuen Gruppe von Hilfesuchenden erkläre ich: »Ich bin praktizierender Katholik. Ich liebe meinen Gott. Ich liebe Jesus Christus.

25 Warum ich auf Gott aufmerksam mache

Ich liebe die Mutter Gottes. Ich liebe Padre Pio. Ich liebe alle Heiligen. Denn die Heiligen sind für mich der Rettungsanker meiner Seele.«

Dann mache ich deutlich, dass ich selbstverständlich versuchen werde, jedem Menschen zu helfen, ob er nun gläubig oder nichtgläubig ist. Und dass ich nur Werkzeug sein darf. Denn die Entscheidung, wann die Lebensuhr abgelaufen ist, trifft allein unser Herrgott. Vielleicht kann ich ihn durch meine Bitten und Fürbitten überreden, die Lebensuhr noch ein Stückchen zurückzustellen. Sein Wille geschehe.

Jeden Morgen nach dem Frühstück bete ich für die Hilfesuchenden. Und bete mit ihnen zusammen in der ersten Sitzung: »Geliebter Herr Jesus Christus. Du sagtest einmal, wenn mehr als zwei in meinem Namen versammelt sind, dann wirst du unter ihnen sein. Wir sind heute hier in deinem Namen versammelt und wissen, dass du unter uns bist. Und darum bitten wir dich für alle, für die, die hier versammelt sind, und diejenigen, die aus irgendwelchen Gründen jetzt nicht bei uns sein können, gib uns die letzten Plätze in deinem Paradies, aber dafür die ersten in deinem Herzen.«

Jedem zeige ich einen Weg auf. Ob man ihn geht oder nicht, muss jeder für sich selbst entscheiden. Doch ich fühle mich verpflichtet, darauf hinzuweisen, dass ich Tausende von positiven Erlebnissen mit Gott haben durfte. Ich möchte gern meinen Nächsten an meinem Glück teilhaben lassen. Auch er soll sich erfreuen, denn der Himmel ist für alle da.

Natürlich mag es den einen oder anderen geben, der, warum auch immer, christliche Anregungen nicht aufgreifen mag. Vielleicht horcht er aber auch in sich hinein. Vielleicht fragt er sich auch, warum er bisher nicht glücklich war. Und vielleicht findet er für sich einen Weg zum Guten.

Viele Skeptiker kamen angesichts der Besserungen oder gar Heilungen, die sie an sich oder in der Gruppe erlebten, ins Grübeln. Was ist denn los? Der redet immer von Gott und Jesus Christus und Mutter Gottes steh uns bei, Padre Pio hilf uns. Und dann treten während der Behandlungen diese unerklärbaren Düfte auf. Ich weiß, das ist für manche schon starker Tobak.

So mancher fand zu unserem Vater, der Himmel und Erde geschaffen hat, zurück. Wie Inge P., die vor 25 Jahren aus der Kirche ausgetreten war. Durch das Vaterunser, das wir gemeinsam gebetet hatten und durch intensive Beschäftigung mit meiner Interpretations-CD des Vaterunsers sah sie ihr Leben wie in einem Spiegel, erinnerte sich an ihre christlichen Pflichten und nahm sie fortan wieder ernst. Sie schrieb mir einen Brief und bedankte sich, dass sie einen Weg gewiesen bekam, dass sie erkennen konnte, dass es noch mehr gibt als uns kleine Wesen.

Eine andere schöne Geschichte ist die von Hans F., einem Patienten in Südtirol. Auch wenn er evangelisch getauft worden war, so hatte er mit dem Glauben offenbar seine Schwierigkeiten. Irgendwie schlich er immer umher. Einmal meinte er, dass es mit dem Glauben ja so eine Sache sei; er wisse nicht so recht, was davon zu halten sei. Und kam immer mehr in einen Zwiespalt, was sicher auch an dem Film über Padre Pio und einem zweiten über verschiedene Marienerscheinungen lag, die ich jeder Gruppe zeige.

Nun freut mich ja nichts mehr, als wenn ein Mitmensch den Weg zurück zum Herrn findet. Also setzte ich bei Hans F. noch eins drauf und schenkte ihm eine kleine Marienstatue. Nun kam der arme Kerl völlig in die Zwickmühle, wie er mir später erzählte. Nehme ich die Figur mit nach Hause? Was soll denn meine Frau von mir denken?

Ihm war so unwohl mit dem Geschenk, dass er beschloss, es wieder loszuwerden. Er sagte sich, dem Drevermann kannst du sie nicht zurückgeben, dann ist er beleidigt. Ist ja eine Marienstatue, hm, die gehört eigentlich in die Kirche. Also packte er die Figur in eine Plastiktüte und ging zu der alten Kirche, einer schnuckeligen kleinen Kapelle. Doch, so berichtete er weiter, er kam nicht rein. Da fegte einer ständig vor dem Eingang. Er fühlte sich beobachtet, ging weg, hörte das Kratzen des Besens nicht mehr und ging wieder hin. Sofort tauchte vor dem Eingang der Mann mit dem Besen wieder auf. Nun wollte Hans auch nicht demonstrativ verlangen, dass er ihn mal in die Kapelle lassen solle. Also lenkte er seine Schritte in Richtung der großen Kirche von Seis, die sich gegenüber der Kapelle befindet.

»Ich gehe durchs Portal«, erzählte Hans, »sitzt da eine Frau und betet. Wieder fühlte ich mich beobachtet und wieder konnte ich die Statue nicht aus der Tüte holen und abstellen. Ich sah mich in der Kirche um und entdeckte ein Seitenportal. Prima, wenn ich da durch gehe, kann mich die Frau nicht sehen. Also wieder raus, ums Gebäude zum Seitenportal, Türe geöffnet, sitzt die Frau nun in einer Bank in der Nähe dieses Eingangs.«

Kurzum, er versuchte den ganzen Vormittag, die Figur loszuwerden. Vergebens, denn stets fühlte er sich beobachtet. Verzweifelt gab er sein Vorhaben auf. Er hatte das Gefühl, dass ihm irgendjemand deutlich machen wollte, dass er seine Maria sowieso nicht loswerden würde, und nahm sie schließlich mit nach Hause.

Später, so berichtete Hans weiter, habe ihm die Geschichte doch sehr zu denken gegeben. Wieso fegte da einer ständig in der Gegend umher, obwohl es nichts mehr zu fegen gab? Warum saß die betende Frau immer so, dass sie ihn sehen konnte? Aus dem Grübeln heraus wuchs Interesse und Neugier. Er hat in der Folgezeit das Padre-Pio-Büchlein mehrmals gelesen und sich viel Literatur über die Mutter

Gottes besorgt. Irgendwann ist er ein so überzeugter Marienverehrer geworden, dass er gar nicht anders konnte, als in einem Berliner Kloster einen Pater zu bitten, ihm Kommunionunterricht zu erteilen. Er wollte konvertieren, das war für ihn beschlossene Sache. Dann besuchte Hans ein halbes Jahr lang den Kommunionunterricht und betete am Weißen Sonntag, eine Woche nach dem nächsten Osterfest, als gestandener Mann inmitten von Kommunionkindern des üblichen Alters am Altar.

Es heißt nicht grundlos, die Wege des Herrn sind wunderbar.

26
Padre Pio kommt nach Einen

Begegnungen der schönen Art hatte ich viele im Laufe der Jahre. So lernte ich in Südtirol einen höchst bemerkenswerten Mann und großartigen Künstler kennen: Agide Finardi. Damals war er Mitte siebzig.

Als 29-Jähriger hatte er einen schweren Verkehrsunfall, bei dem er erblindet war. Nach der Genesung im Krankenhaus lud seine Mutter, die selbst schwer krebskrank war, ihren Sohn ins Auto und fuhr mit ihm zu Padre Pio nach San Giovanni Rotondo. Dort haben sie Padre Pios Messe mitgefeiert, und nach der Messe hat Finardi bei ihm die Beichte abgelegt. Während der Lossprechung wurde Finardi von einer Sekunde zur anderen wieder sehend, und seine Mutter war vom Krebs geheilt.

Aus Dankbarkeit arbeitete Finardi als Privatmann nur für Kost und Logis die nächsten neun Jahre im Kloster. Er hat die jetzige Klosterkirche mitgestaltet, viele Metallarbeiten gemacht und auch den Altarschmuck gefertigt.

Er ist ein großer Padre-Pio-Kenner. Wir waren von Anfang an ein Herz und eine Seele. Eines Tages machte er mir ein sehr ungewöhnliches und anrührendes Geschenk: eine lebensgroße, eindrucksvolle Statue von Padre Pio, die er für mich geschnitzt hatte. Und den passenden Rahmen dazu, einen prächtigen Altar aus Holz. Ich war überwältigt und überglücklich, hatte ich doch das Gefühl, fortan meinem geliebten Padre Pio noch näher sein zu können.

Da ich das Behandlungszimmer in Einen sowieso nicht

mehr für Therapiezwecke brauchte, weil mir ja jede heilende Tätigkeit untersagt worden war, sollte es mein Padre-Pio-Zimmer werden. Auch diesmal boten Dorfbewohner spontan und uneigennützig ihre Hilfe an. Ich hatte von der Statue erzählt und gemeint, ich wüsste gar nicht, wie der Transport zu bewerkstelligen sei. Ich solle mir mal keine Sorgen machen, wurde ich beruhigt, das würde man schon auf die Reihe kriegen. Bald darauf fuhren ein paar von ihnen nach Bozen, packten dort die Statue auf einen Hänger und karrten sie einige hundert Kilometer gen Norden.

Als sie vor meiner Haustür Padre Pio ausluden, war der noch in einem Transportverschlag. Ein Kind, das gerade vorbeikam, erschrak furchtbar. »Mama, da ist einer drin!« rief es entsetzt. In der Tat hatte Meister Finardi eine so realistische Figur geschaffen, dass jeder, der sie zum ersten Mal sieht, glaubt, einen Lebenden vor sich zu haben.

Im Dorf sprach sich schnell rum, dass ich nun einen ungewöhnlichen Mitbewohner hatte. Man wurde neugierig, klar. Was ist das denn? Wie sieht der aus? Kann ich mal gucken kommen?

Dann passierte etwas Wunderbares. Auch die Dorfjugendlichen, die ich zuvor nur von zufälligen Begegnungen am Stammtisch her kannte, wollten Padre Pio sehen und kamen in den Talweg. Eines Tages sprachen sie mich an: »Hör mal, können wir nicht einen Tag in der Woche einrichten, an dem wir hier in deinem Haus den Rosenkranz beten?«

»Na klar, machen wir doch«, stimmte ich begeistert zu. Und dann wurde regelmäßig der Rosenkranz gebetet. Da war das ganze Zimmer voller Leute, der Flur ebenso. Die standen bis zur Haustür und beteten.

In der Zwischenzeit hatten wir einen neuen Pfarrer im Dorf. Der vorige, selbst wenn er zuweilen von Anrufern in seiner Mittagsruhe gestört worden war, war auf meiner Seite, fand mein Tun in Ordnung und unterstützte mich. Dem neuen Pfarrer aber war ich ein Dorn im Auge.

Es passte ihm nicht, dass die Dorfjugend lieber zu mir ging als zu ihm. Mir das direkt zu sagen, traute er sich wohl nicht. Nur einmal machte er mir persönlich zum Vorwurf, dass ich mich für eine Fernsehsendung hatte beim Beten filmen lassen. So etwas tue man nicht.

»Was soll das denn?« polterte ich zurück. »Schließlich habe ich mich in der Öffentlichkeit zu Gott bekannt.«

Dieser Pfarrer hatte absolut kein Verständnis für mich. Wenn ich überzeugt war, etwas Positives getan zu haben, machte der stets etwas Schlechtes daraus. Der suchte immer danach, einhaken zu können. Dem paßte es gar nicht, dass die zu Padre Pio kamen und beteten. Prompt richtete Hochwürden eine wöchentliche Rosenkranzandacht in seiner Kirche ein und wetterte fortan gegen mich. Dass er schließlich den gewünschten Zulauf bekam und die Jugendlichen nicht mehr zu mir kamen, weil sie's mit ihm, also der Autorität nicht verderben wollten, war in Ordnung. Mir hat das nicht wehgetan. Ich war froh, dass ich etwas bewirken konnte.

Dass der Pfarrer gegen mich polemisiert und agiert hat, war schon unangenehm. Aber unerträglich war etwas anderes; nämlich das immer noch bestehende Berufsverbot. Also war ich weiterhin gezwungen, lange Fahrten nach Südtirol zu unternehmen und in einer Atmosphäre zu arbeiten und zu leben, die nicht meinem Naturell entsprach.

In Einen hatte ich ständig Kontakt zu Ärzten, von denen ich viel lernen konnte, vor allem, was spezifische Krankheitsverläufe und typische Schmerzbilder der Hilfesuchenden betraf. In Seis wollte mir kein Arzt beistehen; warum auch immer.

Ein anderer Grund, warum ich mich im Gebirge nicht wohl fühlte, war das Gebirge selbst. Für vierzehn Tage Urlaub ist die Landschaft wunderschön. Doch oftmals mehrere Monate hintereinander in der Gegend zu sein, das war für mich belastend. Mich erdrückten die Berge.

Du siehst aus dem Küchenfenster: ein Berg. Du guckst aus dem Schlafzimmerfenster: ein Berg. Aus dem Wohnzimmerfenster: noch ein Berg. Rundherum war immer irgendein Berg. Und wenn dann noch die Nebel aus dem Tal aufstiegen – ich war ja in dreizehnhundert Meter Höhe –, dann machte mich das depressiv. Es ging so weit, dass ich in meiner Holzhütte die Fenster abdunkelte und den ganzen Tag bei elektrischem Licht verbrachte, nur um nichts von draußen sehen zu müssen.

Ich spürte, dass meine Zeit in Südtirol begrenzt sein wird. Gleichzeitig war mir klar, dass die italienische Arbeitslizenz in Deutschland nicht anerkannt werden würde. Und trotzdem hatte ich immer noch ein kleines Fünkchen Hoffnung, dass sich die Dinge in der Heimat zu meinen Gunsten entwickeln werden, dass letztlich die Menschlichkeit über das Gesetz obsiegen könnte.

27
Ein Minister steht mir bei – und muss dann selber gehen

Im Oktober 1992 hatte ein Oberstaatsanwalt die Anklageschrift gegen mich fertig. Mir wurde vorgeworfen, die Heilkunde ausgeübt zu haben, ohne zur Ausübung des ärztlichen Berufes berechtigt zu sein und keine Erlaubnis nach dem Heilpraktikergesetz zu haben.

Es war von 19 000 Fällen die Rede, was, wäre meine Situation nicht so ernst gewesen, nur als Witz gedeutet werden konnte. Um für so viele Menschen die notwendige Zeit aufbringen zu können, hätte ich mich klonen lassen müssen. Abgesehen davon, dass die Behandlung von so vielen schon von den Räumlichkeiten her unmöglich gewesen wäre.

Woher die Staatsanwaltschaft diese Zahl hatte, weiß ich nicht. Im Computer, der auch beschlagnahmt worden war, standen ungefähr fünfzehnhundert Adressen. Dass jeder drin war, der mal angefragt hatte und der möglicherweise irgendwann mal benachrichtigt werden wollte und sollte, interessierte die nicht. Wohl aber das Finanzamt, das mir aufgrund der behördeninternen Zahlen – es lag ja bisher nur die Anklageschrift vor, eine Verhandlung gab es noch nicht – einen Steuerbescheid über einhunderttausend Mark zustellte. Man hatte meine Einnahmen einfach geschätzt. »Beweisen Sie doch das Gegenteil!« war die brutale Antwort auf meine Einwände, dass es in der fraglichen Zeit höchstens fünfhundert Behandlungen gegeben und dass ich in manchen Fällen gar nichts kassiert habe, so wie ich es bis heute bei Leuten mit geringem Einkommen halte. Danach solle man sich mal

27 Ein Minister steht mir bei – und muss dann selber gehen

erkundigen, war mein Vorschlag. Die Antwort darauf: »Wer sagt denn, dass die Leute nicht mit Ihnen unter einer Decke stecken? Und dass unsere Zahlen nicht stimmen, müssen Sie uns beweisen.«

Die Beamten der Finanzbehörde wussten ganz genau, dass ich das nicht konnte. Also musste ich der Zahlungsforderung entsprechen. Doch wie? Damals hatte ich pro Sitzung fünfzig Mark genommen. Das reichte, wenn man mal die Kosten und die in Südtirol eingeschränkten Behandlungszeiten berücksichtigt, mit Mühe gerade für das Alltägliche, für meine Kosten und die Ausbildung meines Sohnes.

Um Ralf die Schwierigkeiten mit den Behörden zu ersparen, verständigten wir uns darauf, dass er eine grundsolide Ausbildung zum Heilpraktiker durchlaufen sollte. Die konnte ich ihm glücklicherweise finanzieren. Inzwischen steht er auf eigenen Füßen und betreibt eine gut gehende Praxis im westfälischen Hamm.

Doch damals, als mich die Keule des Finanzamtes traf, konnte ich nicht ahnen, dass für Ralf alles gut ausgehen würde. Ich war damals wie gelähmt und sah mich von allen Seiten umzingelt und bedrängt. Nicht nur, dass ich als Betrüger an der Volksgesundheit angeprangert wurde, nun drohte mir auch noch der Schuldenturm.

Ich hatte großes Glück im Unglück, denn ein Bekannter, der in der Finanzbranche tätig war, wies mir einen gangbaren, wenn auch langwierigen Weg aus dieser Klemme.

Die Anklageschrift wurde übrigens vom Landgericht Münster erstellt. Nicht von einem Amtsgericht; das war für meine frevelhaften Taten wohl zu unbedeutend. Nein, ein Landgericht musste es sein. Also jene Instanz, die sich normalerweise mit Großbetrügern, Totschlägern und Kriminellen ähnlichen Kalibers beschäftigt. Wenn ich bis dahin noch Zweifel hatte, so wusste ich nun, für welch' schlimmen

Finger man mich wirklich hielt. Das war für mich sehr deprimierend. Ich fühlte mich sehr ungerecht behandelt, im Nachhinein auch heute noch.

Wer weiß, wie die Sache ohne Dr. W., den Vorsitzenden Richter am Landgericht Münster, weitergelaufen wäre. Der war nämlich ganz anderer Meinung als der Staatsanwalt und machte auch kein Hehl daraus. So konnten die Strafverfolger wie auch meine Freunde in Einen und ich zu Weihnachten 1992 in der größten deutschen Boulevardzeitung seine Meinung nachlesen:

»Er ist kein Verbrecher! Die Justiz hat keine Zeit, sich mit Nichtigkeiten zu beschäftigen! (…) Was dem Beschuldigten vorgeworfen wird, ist aus Sicht eines vernünftigen Bürgers nicht zu beanstanden. Dass Herr Drevermann irgendjemandem in irgendeiner Weise geschadet hat, ist der Anklageschrift nicht zu entnehmen.«

Dass die Staatsanwaltschaft diese Schelte nicht auf sich beruhen lassen und das Verfahren weiter betreiben würde, war mir nach ihrem bisherigen Vorgehen klar.

Ebenso war ich mir der Tatsache bewusst, dass man auf Versprechungen von Politikern nicht viel geben konnte. Auch wenn ein paar Wochen zuvor einer zugesagt hatte, sich um meinen Fall zu kümmern: Jürgen Möllemann, der damalige Bundeswirtschaftsminister.

Er hatte sich, falls Einen erneut beim Wettbewerb um das schönste Dorf Deutschlands ausgezeichnet werden sollte, für einen Frühschoppen angekündigt. Und hielt Wort. Was an sich noch keine große Sache war, denn es gab in der Dorfgemeinschaft etliche, die die FDP unterstützten. Und als Abgeordneter des Wahlkreises Warendorf stand es Möllemann ohnehin gut zu Gesicht, sich vor Ort blicken zu lassen.

27 Ein Minister steht mir bei – und muss dann selber gehen

Bei dem typisch westfälischen Frühschoppen war ich zwar auch dabei, hatte aber mit ihm keinen Kontakt. Einer aus der Runde sprach Möllemann an:
»Hören Se mal«, sagte er und zeigte auf mich, »dat is unser Rolf. Wir haben da ein Problem. Da sollten Se sich mal drum kümmern.«
Möllemann ließ sich meinen Fall schildern und meinte abschließend, man solle doch mal etwas zusammenstellen, damit er sich genauer informieren könnte. Also schickte ich ihm dann eine Mappe mit dem behördlichen Schriftverkehr und Kopien von Zeitungsartikeln.
Ich hatte die Sache schon fast vergessen, weil man ja, wie gesagt, sowieso nicht daran glaubt, dass sich Politiker für einen einsetzen. Doch Ende des Jahres platzte die Bombe.
Dem »Stern« war ein Brief Jürgen Möllemanns zugespielt worden, der nun publik wurde und für Furore in der Parteien- und Medienlandschaft sorgte. Möllemann hatte an den Oberkreisdirektor in Warendorf u.a. geschrieben:
»Ich halte es nicht für überzeugend, einem Mann diese Tätigkeit zu untersagen, der vielen Menschen anscheinend geholfen hat, an den viele Menschen glauben (…) Ich würde es sehr begrüßen, wenn so ein Weg gefunden wird, der es Rolf Drevermann gestatten würde, in Zukunft weiter seine Tätigkeit hier in Deutschland und nicht etwa im Ausland auszuüben. Viele Menschen würden neue Hoffnung schöpfen und Zuversicht gewinnen.«
Möllemann hatte also tatsächlich Wort gehalten und damit sich selbst sehr geschadet. Er war ja kein Bequemer in der Politik und hatte im Kabinett und auch in der eigenen Partei ausreichend Gegner, die nun die Chance ergriffen, ihn abzusägen. Erst stand er im Mittelpunkt der Affäre um Einkaufswagenchips, und nun diese Geschichte mit einem so

27 Ein Minister steht mir bei – und muss dann selber gehen

genannten Wunderheiler. Man stelle sich das mal für einen Bundesminister und Vizekanzler vor!

Bei der Kampagne gegen Jürgen Möllemann schreckte man auch nicht vor Verleumdungen zurück. Die übelste Lüge war die, dass er von Amts wegen in ein schwebendes Verfahren eingegriffen habe, weil der bewusste Brief auf seinem Ministerpapier verfasst gewesen sein soll. Ich habe eine Kopie davon – es war sein privater Briefbogen.

In seiner Rede, die er zum Abschied aus dem Ministeramt im Bundestag hielt, betonte er übrigens, dass er sich immer wieder für mich einsetzen würde.

Danach kam er noch einmal in unsere Dorfkneipe. Auch wenn er nicht mehr Minister sei, könne er trotzdem noch einen ausgeben, meinte er und warf ein paar Lokalrunden. Die versammelte Dorfgemeinschaft dankte ihm dafür, dass er sich für mich eingesetzt hatte. An dem Tag haben wir uns erstmals getroffen und ein paar Worte gewechselt. Ich bedankte mich auf meine Weise: Ich überreichte ihm eine Pio-Statue.

28
Der Staatsanwalt und seine Frau

Seit 1990 wurde rund fünfzig Mal in deutschen Fernsehprogrammen über mich berichtet. In zahlreichen Talkshows war ich zu Gast, u.a. bei »Fliege«, bei »Meiser« und in der Hamburger Sendung »So!«, wo ich Juliane Werding kennen lernte, die eine große Verfechterin alternativer Medizin ist.

Die Umstände von Möllemanns Sturz entfachten erneut das öffentliche Interesse an meiner Person und lockten wieder Scharen von Medienleuten nach Einen. Jeder wollte seinem Publikum den Mann präsentieren, der zum Stolperstein für den Wirtschaftsminister geworden war. Dass sich dabei so manche Redaktion auch für die Heilungen interessierte und durch Beiträge in Fernsehmagazinen und durch Presseberichte noch mehr Menschen von meiner Arbeit erfuhren, war dem Oberkreisdirektor gewiss nicht recht. Zumal er immer wieder von Reportern und Interviewern mit der Frage konfrontiert wurde, warum Drevermann denn nicht in Ruhe tätig werden dürfe.

Dass sich die Bevölkerung nicht beruhigte und sich weiterhin für mich stark machte, zeigte sich im nächsten Karneval. Da wurde auf einem Wagen der oberste Kreisbeamte an Krücken gezeigt und ihm eine Sprechblase »Hoffentlich ist Drevermann noch in Einen« in den Mund gelegt. An dem Umzugswagen selbst stand in großen Lettern »Kann denn Heilen Sünde sein?«. Auch Jürgen Möllemann war Thema eines Festwagens. Überlebensgroß hatte man ihn modelliert. »Bleib liberal, Jürgen!« hieß es auf dem Banner. Ich muss zugeben, dieser Umzug hat mir sehr gefallen.

Für die Behörde war es wichtig, das Verfahren durchzuziehen. Ebenso für einige Ärzteorganisationen, die offenbar hinter der Klage steckten. Schlimmer noch fand ich, dass auch Heilpraktikerverbände die Ämter aufgefordert hatten, gegen mich tätig zu werden. Ausgerechnet Heilpraktiker! Hatten die doch selbst lange Jahre darunter gelitten, mit ihren alternativen Heilmethoden nicht anerkannt gewesen zu sein. Sie mussten doch wissen, wie mühsam und schwierig es ist, gegen Etablierte anzutreten. Und kaum sitzen sie im Sattel, treten sie selbst nach unten, statt an die Menschen zu denken, die Hilfe brauchen.

Dr. W., der zuständige Richter, hat mehrfach versucht, die Staatsanwaltschaft zu überzeugen, das Verfahren doch einzustellen. Man habe Wichtigeres zu tun, als sich mit solchen Nichtigkeiten zu befassen. Doch der Oberstaatsanwalt am Landgericht Münster, dessen Frau übrigens auch bei mir in Behandlung war und gesund werden durfte, hielt mich für einen schlimmen Übeltäter, der unbedingt bestraft werden musste. Nur lag es nicht in seiner Macht, den Verhandlungstermin festzusetzen; das war Sache des Richters. Je weiter 1994 fortschritt, umso schneller sah der oberste Ankläger seine Felle davonschwimmen, denn zum Jahreswechsel wäre alles verjährt gewesen. Also drohte er dem Richter mit einer Dienstbeschwerde, wenn der Fall Drevermann nicht im alten Jahr verhandelt werden könnte.

Ich erhielt die Mitteilung, dass meine Verhandlung zwei Tage vor Weihnachten stattfinden sollte. Ich war geschockt. Nun sollte es ernst werden. Wie ernst, erfuhr ich von meinem Anwalt, der mir mitteilte: »Rolf, wir müssen uns ganz warm anziehen. Vom Richter weiß ich, was die Staatsanwaltschaft fordern will: 190 000 Mark Geldstrafe und drei Monate Haft ohne Bewährung.«

Gütiger Himmel! Ich hatte nichts anderes getan, als kranken Menschen zu helfen, hatte niemanden geschädigt und sollte dafür nun ins Gefängnis. Dazu die existenzvernichtende Höhe der Geldstrafe. Und das sollte gerecht sein?

Zu den vielen, mit denen ich fassungslos darüber sprach, gehörten auch die Mitarbeiter von »Die andere Realität«, einer esoterischen Zeitung. Wir hatten schon länger einen guten Kontakt. Die Zeitung rief zu einer Demo am Verhandlungstag auf, zu der sich über zweitausend Menschen anmeldeten. Selbstverständlich wurde die Kundgebung ordnungsgemäß in Münster angemeldet, und so erfuhr das Gericht, was bald vor seinem Tor und in der Folge in den Medien los sein würde.

Dr. W. intervenierte erneut bei der Staatsanwaltschaft und appellierte, schon um neuerliches Aufsehen zu vermeiden, an maßvolle Vernunft. Schließlich hatte man ein Einsehen und bat eine Woche vor dem angesetzten Gerichtstermin die beteiligten Parteien an einen Tisch. Drei Stunden lang wurde verhandelt. Dann einigte man sich auf die Einstellung des Verfahrens gegen eine Bußzahlung von zwanzigtausend Mark.

Mir fiel ein Stein vom Herzen, dass der Richter einen Weg gefunden hatte, damit ich in Zukunft nicht vorbestraft bin. »Herr Drevermann«, ermahnte er mich, »nehmen Sie die Buße an. Ich kann nur dazu raten, denn sonst kommt es zum Termin. Und dann muss ich Sie nach dem Gesetz verurteilen.«

Da brauchte ich nicht lange zu überlegen. Fünfzehntausend Mark gingen an die Kinderkrebshilfe und fünftausend Mark an die Staatskasse, weil der Staatsanwalt ja sehr viel

Arbeit mit mir gehabt hatte. Stimmt, sage ich heute, die hat er sich redlich verdient.

Wie so oft in meinem Leben wurde ich auch da wieder vom Himmel geführt. Es öffnete sich wieder mal ein Türchen, durch das ich schlüpfen und weiterhin meiner Berufung folgen konnte. Das Gefängnis ist mir erspart geblieben, und ich konnte mich fortan ganz meiner Arbeit widmen. Allerdings nie wieder in der Heimat, das war mir endgültig klar geworden.

29
Gott wartet auf uns

Mit dem Glauben ist das so eine Sache, sagen manche. Stimmt, sage ich, sogar eine ganz tolle, wenn man den Glauben zu seiner ureigenen Sache macht. Und wenn man ihn auch praktiziert.

Die Zehn Gebote einzuhalten, sollte für jeden Menschen selbstverständlich sein. Das wichtigste Gebot ist das der Nächstenliebe, und das schließt meiner Meinung nach alle anderen Gebote ein. Wir hätten nur ein Gebot gebraucht. Aber da der Herrgott weiß, welch unvollkommene Menschen er geschaffen hat, gab er uns zur Sicherheit zehn Gebote.

Glauben bedeutet mehr, als die Zehn Gebote einzuhalten. Glauben bedeutet das Bekenntnis zu Gott, auch und vor allem im Gebet. Ich bete den Rosenkranz beispielsweise auch beim Autofahren. Auf langen Strecken und bei wenig Verkehr geht das gut. Andere können ja auch konzentriert fahren und an die Urlaubszeit oder an Familienereignisse denken.

Ich glaube, es gibt keinen Autofahrer, der unterwegs nicht mit irgendwelchen Gedanken beschäftigt ist. Ich jedenfalls nutze solche Zeiten zum Gebet.

Nun sagen einige, zum Beten brauchen sie keine Kirche. Das könnten sie auch in freier Natur. Mag sein. Aber beten die, die es vorgeben, wirklich außerhalb der Kirche? Gehen sie wirklich am Sonntagmorgen in den Wald? Bei jedem Wetter, zu jeder Jahreszeit? Gut, wenn sie es dann tun und

29 Gott wartet auf uns

Zwiesprache mit Gott halten. Doch in den meisten Fällen sind es Scheinargumente. Weil man nicht zugeben will, dass Glauben zu praktizieren zuweilen unbequem sein kann. Warum aufstehen, wenn man endlich einmal ausschlafen kann? Warum zur Messe gehen und die geistige Nahrung der Sakramente zu sich nehmen, wenn der Tisch mit Irdischem gedeckt ist?

Jeder mag es mit dem Glauben halten, wie er will. Es ist seine freie Entscheidung. Ich kann nur zum Glauben ermuntern, weil ich erfahren habe, dass er gut tut. Man muss den ersten Schritt in diese Richtung tun, auch wenn es eine gewisse Selbstüberwindung kostet. Danach ist man angenehm überrascht und freut sich, wie schön das ist.

Stellen wir uns doch einmal die himmlische Familie wie eine auf Erden vor. Da sind Vater, Mutter und Kind. Hat ein Kind Probleme, wendet es sich zumeist an die Mutter, weil die die Vermittlerin zum Vater ist. Deshalb ist die Marienverehrung für mich so wichtig. Ich bin glücklich, dass wir da oben eine Mutter haben, die für uns Banausen beim himmlischen Vater vermittelt.

Wir wissen doch selber, wie das mit Kindern ist. Sie heiraten und gehen aus dem Haus. Wir freuen uns mit den Kindern. Dann hört man drei Monate nichts von ihnen. Da wird man als Vater nervös. Was ist denn mit meinem Kind? Ist es krank? Was ist los? fragt man sich und macht sich auf den Weg zu ihm.

»Ach, Papa, schön, dass du da bist. Find ich toll, dass du gekommen bist«, heißt es dann. Und hoch und heilig wird versprochen: »Ja, Papa, ich denk an dich, ich vergess dich nicht.« Und man fährt beruhigt nach Hause. Drei Monate später dasselbe. Man hat nichts voneinander gehört. Wieder nagt die Ungewissheit und wieder macht man sich auf den Weg.

Was ich damit nur sagen will: Als Vater freut man sich doch, wenn das Kind mal wieder zu Besuch kommt, wenn man es zum Essen einladen und bewirten kann. Genauso freut sich unser himmlischer Vater, wenn wir sein Haus wenigstens ein-, zweimal im Jahr betreten. Und wenn er uns zum Mahl einlädt, und wir kommen.

So menschlich kann man das nicht sehen? Warum denn nicht? Ich meine, unser Herrgott ist noch wesentlich sensibler, als wir uns vorstellen können.

Nichts spricht gegen Waldspaziergänge und andere Naturerlebnisse. Aber alles spricht für den Kirchgang, für das geistige Erlebnis in der Gemeinschaft unserer Schwestern und Brüder. Zu einer Familienfeier geht man doch auch gerne hin. Das ist doch etwas Schönes, das man gerne erlebt.

In der frühen Zeit, in der ich wenig von der geistigen Welt wusste und noch auf der Suche nach einer Erklärung der heilenden Kräfte war, informierte ich mich auch bei Esoterikern. Ich hatte bald den Eindruck, dass diese die Menschen zu vereinnahmen suchen und sie eher abhängig machen als ihnen helfen wollen.

Einmal wurde ich zu einem esoterischen Kongress in Basel eingeladen und sollte einen Vortrag zum Thema »Der Heiler als Werkzeug Gottes« halten. Aha, die bringen den lieben Gott ins Spiel, dachte ich mir, dann darf ich auch auftrumpfen. So schrieb ich gemeinsam mit einer Bekannten einen Text, dessen zentraler Teil eine Auslegung der einzelnen Sätze des Vaterunser war. Den trug ich dem Auditorium vor und dachte insgeheim, wenn ich nur einen von den zweitausend Zuhörern überzeugen kann, habe ich schon was erreicht.

Danach kam der Veranstalter zu mir und bat mich, länger zu bleiben und meinen Vortrag an zwei weiteren Tagen zu wiederholen. Was ich gerne tat. Das Kuriose dieser Veranstaltung war eine Begebenheit am Rande. Man hatte alle Vorträge auf Kassetten mitgeschnitten, die an einem Stand verkauft wurden. Mein Vaterunser war der Bestseller. Und jeden Tag, wenn ich an dem Stand vorbeikam, wurde ich von dem Verkäufer begrüßt: »Komm her, Spitzenreiter, nimm noch mal zwei Kassetten mit. Hier, schenk ich dir.«

Inzwischen habe ich den Vaterunser-Text als CD vervielfältigen lassen und schenke ihn jedem Hilfesuchenden, der zu mir in Behandlung kommt. Mit dem Hinweis, dies sei die einzige CD, die kopiert werden dürfte. Man möge doch heftigst Gebrauch davon machen.

Ich weiß, heutzutage ist für manche die Kirche nicht mehr die erste Adresse, wenn es um Sinnfragen und persönliche Lebensentwürfe geht. Viele, vor allem auch junge Menschen wenden sich Sekten oder esoterischen Zirkeln zu. Da erfahren sie Zuwendung, da kommt man, wenn auch oft nur scheinbar, ihren Interessen entgegen.

Besonders im esoterischen Bereich hat sich ein Milliardenmarkt entwickelt, von dem viele profitieren wollen. Was wird da nicht alles Kurioses angeboten, von Glückssteinen passend zum Tierkreiszeichen über Berichte von Wiedergeburten bis zu heilenden magischen Ritualen. Opfer finden diese Scharlatane immer wieder. Weil die Menschen umso leichtgläubiger sind, je angestrengter sie nach etwas Fassbarem suchen, das ihnen inneren Halt geben könnte.

Ich finde es falsch, der Kirche den Rücken zu kehren oder gar aus ihr auszutreten. Wenn sich ein Dorfpfarrer mehr darum kümmert, in welchem Haushalt er Kaffee und Kuchen bekommt als beispielsweise um einen Gesprächskreis mit Gemeindemitgliedern, dann muss man ihn wachrütteln. Warum nicht mal für die Kirchensteuern, die man bezahlt, Forderungen stellen? Davonlaufen ist der einfachste Weg.

Wie sagt der Dalai Lama? »Bleibt euren Religionen treu. Wir haben alle nur einen Gott. Tretet nicht aus. Macht auf euch aufmerksam, macht klar, dass es euch gibt, dass sich jemand um euch kümmert.« Da fordert der geistige Führer einer fremden Religion Katholiken und Protestanten auf, doch ihrem Glauben treu zu bleiben. Das hat mich am Dalai Lama fasziniert.

Ja, aber was ist mit der Kraft, die man aus der Meditation gewinnen kann? Ist die nicht gut für uns? fragen die Anhänger fernöstlicher Heilslehren und glauben natürlich die Antwort zu kennen. Ja, was ist denn mit dieser Kraft? frage ich zurück. Kann man die nicht auch im Gebet finden? Sehr wohl können wir das. Es kommt darauf an, mit welcher Einstellung man betet. So wenig wie für eine Meditation Kopf stehende Yogaübungen notwendig sind, so wenig sinnvoll ist ein mechanisches Runtermurmeln des Rosenkranzes. Wenn man im Zwiegespräch mit Gott oder der Mutter Gottes betet, dann ist es ebenso eine Hinwendung zum Positiven wie in der Meditation, dann ist das Gebet eine Meditation. Und die Meditation wird zum Gebet.

Im Grunde genommen bieten sich wie zu allen Zeiten die drei B's der christlichen Religion an: Bibel, beten, beichten. Allein durch Gottes Wort, also die Heilige Schrift und ihre Botschaft, kann der, der Hilfe und Antworten auf seine Fragen sucht, neue Kraft und Einsichten bekommen. Manchen Menschen reicht das angesichts der komplexen Probleme der modernen Welt nicht aus. Sie suchen nach einer speziell an sie gerichteten, persönlichen Hilfe. Statt eines Gesprächstherapeuten empfehle ich ein Beichtgespräch mit einem Priester, der Seelenbeistand zu leisten vermag.

29 Gott wartet auf uns

Ich weiß, die Vorstellung von der Beichte als etwas Unangenehmem ist weit verbreitet. Das hat sich oft in der Kindheit herausgebildet, als einem der Sinn des Beichtens nicht klar gemacht wurde. Da erfuhr man nur, man hatte sich zu offenbaren, und im ungünstigsten Fall gab es statt einem gleich fünf oder mehr Ave Maria oder Vaterunser.

Ich finde es schade, dass auf diese Weise viele Menschen vom Sakrament der Beichte weggetrieben werden. Dabei ist die Beichte wichtig, wenn sich die innere Stimme wieder mal rührt. Wenn man sich dem Nächsten gegenüber nicht richtig verhalten hat oder sich das Gewissen wegen anderer Verfehlungen rührt. Da spürt man, dass einen die (im übertragenen Sinne) Sünde belastet. Manchmal ist der Druck so groß, dass man Hilfe braucht. Mit wem will und kann ich darüber reden? Ich finde, am besten mit jemandem, der von der himmlischen Hauptverwaltung eingesetzt worden ist und der in Liebe seine Tätigkeit ausübt.

Für mich ist das Pater Tomeo, der auch mir beim ersten Beichtgespräch klar gemacht hat, dass dieses Sakrament weiterhelfen und nicht bestrafen soll. Als er mir die Lossprechung gegeben hatte, blieb ich knien und schaute ihn erwartungsvoll an. Da fragte er:

»Worauf wartest du?«

»Hm, gibt es da nicht noch so etwas wie Buße?«

»Du bist doch schon gestraft genug«, meinte Tomeo. »Du hast Wochen und Monate mit dem schlechten Gewissen gelebt, du musstest lange mit deinen Ängsten zurechtkommen. Das ist wohl Strafe genug. Soll ich dich da noch zusätzlich bestrafen?«

Das fand ich toll. Ich war erlöst von der inneren Anspannung. Nicht, weil mir der liebe Gott vergeben hatte und ich nun den Nächsten wieder auf die Nase hauen konnte (wie man sich landläufig das Prinzip der Beichte vorstellt), sondern weil ich Hilfe und Verständnis fand. Und das seit diesem ersten Beichtgespräch immer wieder. Wie gesagt, ich kann die Beichte als therapeutisches Gespräch wirklich nur empfehlen. Denn wir Menschen sind im Grunde ziemlich hilflose Kreaturen, die sehr traurig und einsam werden können und wirklich viel positiven Beistand brauchen; wir sind nun mal für die Gemeinschaft geboren und auf gegenseitige Hilfe angewiesen.

30
Ibiza, mein Bestimmungshafen?

Ich habe es bereits gesagt: Meine Lebensumstände in Südtirol entwickelten sich nicht so, dass ich mir vorstellen konnte, auf Dauer dort tätig zu sein. Zum einen waren die Arbeitsmöglichkeiten durch den Hotelbetrieb zeitlich begrenzt, zum anderen drückte mir die Berglandschaft aufs Gemüt. Da kam es mir sehr gelegen, dass Dieter Abholte, ein Journalist, der oft über meine Tätigkeit berichtet hatte, mich auf Ibiza aufmerksam machte. Er kenne da auch einen deutschen Arzt, so meinte er, der gewiss mit mir zusammenarbeiten würde. Und ein für meine Zwecke geeignetes Hotel gäbe es auch. Also flog ich 1994 auf die Insel, um mich vor Ort umzusehen.

Vierzehn Tage später habe ich auf Ibiza die erste Gruppe behandelt. Es lief alles ganz gut. Und die Hilfesuchenden waren damit einverstanden. »Hauptsache, uns hilft einer«, meinten sie. »Selbst wenn wir nach Amerika fliegen müssten. Egal, wo du steckst. Wir kommen schon hinterher.«

Die nächsten Monate pendelte ich nun zwischen Warendorf, Seis und Ibiza und zurück. Jedes Mal mit Sack und Pack. Da kam doch ein erkleckliches Gepäck zusammen. Neben meinen persönlichen Dingen waren da Stapel von Padre-Pio-Büchern, Kartons mit Rosenkränzen, Drucke eines größeren Padre-Pio-Bildes, die ich ebenfalls gratis verteile, ein Fernseher und ein Videogerät, das ich brauchte, um einen Pio- und einen Marien-Film zeigen zu können, kurzum – genug, um einen großen, gebraucht gekauften Mercedes zu beladen. Und da ich selber auch nicht der Schmächtigste bin, wollte ich mich auf den langen Fahrten zwischen Deutschland, Italien und Spanien nicht unbedingt in einen Kleinwagen quetschen. Können Sie sich vorstellen, was manche Leute angesichts des Wagens glaubten, sagen zu müssen? »Herr Drevermann, unser Heiland ist aber auf einem Esel in die Stadt geritten ...«

Die Dinge auf der Insel entwickelten sich durchweg positiv, und so bin ich seit 1995 ausschließlich auf Ibiza tätig. In Dr. Klaus Diller fand ich einen engagierten Arzt, der die Eingangsuntersuchungen durchführt und rund um die Uhr für die Kranken bereit steht. Schließlich hat man ja, wenn man Menschen ins Ausland holt, die Pflicht, dafür zu sorgen, dass auch die schulmedizinische Versorgung gewährleistet ist. Auf Ibiza sind mehrere deutschsprachige Fachärzte und -ärztinnen tätig, und eines der Inselkrankenhäuser verfügt sogar über eine Dialysestation.

Dass ich überhaupt auf der Ferieninsel gelandet bin, habe ich im Grunde genommen den deutschen Behörden zu verdanken. Praktisch haben die mich vertrieben und indirekt zu meinem Glück gezwungen. Auch wenn ich das damals, als ich verunsichert und verängstigt war, nicht so sah. Ich war fassungslos darüber, dass das Gute, das ich tat, etwas Böses sein sollte. Vielleicht war es ja eine weitere Prüfung, die der Himmel mir geschickt hat.

So wie er mich ja immer wieder in die richtige Richtung geschickt hat. Ich denke nur an verschiedene Begegnungen innerhalb der Kirche. Ich weiß nicht, warum ich im normalen Kirchenleben wenig gute Priester getroffen habe. Die besten habe ich immer in einem Kloster kennen gelernt.

Ich saß also auf Ibiza und vermisste seelischen Beistand. Mein Spanisch war nicht gut genug, um intensiv mit einem einheimischen Priester sprechen zu können. Dann kam eines Tages eine Frau mit einem behinderten Kind zu mir. Der Kleine war ganz gesund gewesen, bis er in eine Regentonne fiel. Das wurde zu spät bemerkt, und das Kind erlitt eine Hirnschädigung. Die Mutter, eine ehemalige Chefstewardess, hat in Florida eine Einrichtung gegründet, die geistig behinderten Kindern gesundheitsfördernde Kontakte mit Delphinen ermöglicht. Sie erzählte mir, wie sehr ihr der Glaube hilft. Und ich erwähnte meine Diaspora, in der mir ein deutschsprachiger Priester fehlte.

»Da kann ich ihnen helfen«, meinte sie. »Ich kenne da einen Prior in Palma de Mallorca, mit dem war ich mal in einer Fernsehsendung. Der spricht perfekt deutsch. Tomeo heißt er. Ich rufe ihn gleich an.«

Gesagt, getan. Und bald darauf besuchte ich ihn in seinem Franziskanerkloster auf der Nachbarinsel. Ich reiste nicht allein. Gabriele, mit der ich damals noch nicht verheiratet war, begleitete mich. Als wir ankamen, fragte uns Tomeo:

»Wo wohnt ihr denn?«

»Hm, wissen wir auch nicht. Wir müssen uns noch ein Hotel suchen.«

»Kein Hotel«, entschied Tomeo. »Ihr wohnt bei uns im Kloster.«

Ich habe dann gebeichtet, wonach mir schon lange zumute gewesen war. Danach gingen wir noch nett essen, kehrten ins Kloster zurück und gingen aufs Zimmer. Jeder in seines, zu dem uns Tomeo ganz selbstverständlich hinführte.

»Wann wollt ihr denn geweckt werden?« fragte er schließlich.

»Hm, wann steht ihr denn auf?«

»Um fünf Uhr.«
»Ist ein bisschen hart …«
Wir einigten uns auf sieben Uhr. Tomeo weckte uns zur vereinbarten Zeit; er hatte bereits für uns das Frühstück gemacht. Danach fuhr er mit uns durch die Berge und zeigte uns viel von Mallorca. Wir kamen auch an einen Ort, an den nur ganz wenige Menschen gelangen. Wir besuchten eine Gemeinschaft von Eremiten. Auf dem Land, das man ihnen kostenlos zur Verfügung gestellt hatte, versorgen sie sich mit Schafzucht, Gemüse- und Weinanbau selber. Der früher über fünfzigköpfige Orden besteht heute gerademal aus zehn Personen. Die Einsiedler sehen zu können, war ein tolles Erlebnis. Doch der Höhepunkt dieses Ausfluges kam erst noch.

Als wir mit Tomeo in die Kirche der Eremiten gingen, sagte er:

»So, jetzt feiern wir drei eine Messe.«

Er richtete den Altar mit Wasser, Wein und Brot her. Wir saßen ganz artig in der Kirchenbank. Am Altar standen drei Stühle. Auf die zeigte Tomeo und sagte:

»Kommt her. Wir drei feiern hier am Altar die Messe. Ihr könnt mich auch fragen, was ihr vielleicht nicht wisst«, nahm er uns jede Scheu. »Vielleicht kommt euch etwas seltsam vor, das kann ich möglicherweise erklären. Nur zu, kommt her. Ihr könnt mir auch sagen, was euch jetzt durch den Kopf geht.«

Es war eine der schönsten Messen, die ich je erlebt habe. Danach fuhren wir in Tomeos Kloster, wurden für die Nacht wieder getrennt und kehrten am nächsten Tag nach Hause zurück. Beim Abschied meinte Tomeo auf seine liebevolle Art:

»Ist unser Herrgott nicht gütig? Er hat mir eine neue Schwester und einen neuen Bruder geschenkt.«

30 Ibiza, mein Bestimmungshafen?

Ich stehe in ständigem Kontakt zu Pater Tomeo. Einmal hatte ich ihn gefragt, ob er nicht bereit wäre, für die, die meine Hilfe suchen, eine Messe zu lesen. Das war für ihn selbstverständlich. Und dann haben wir im Laufe der Zeit im Hotel auf Ibiza mehrere wunderschöne Messen gefeiert. Er hat alle Konfessionen mit einbezogen und sogar mit Protestanten »Beichtgespräche« geführt, auch wenn es in deren Kirche dieses Sakrament gar nicht gibt.

»Vor Gott sind wir doch alle gleich«, erklärte er auf entsprechende Fragen aus der Gruppe. Für ihn spielt die Konfession keine Rolle; wichtig ist die Liebe zu und die Ehrfurcht vor Gott.

Ich konnte ihn sogar im Fall einer 22-jährigen Frau anrufen, die wir hier ins Krankenhaus bringen mussten. Sie hätte eigentlich gar nicht mehr nach Ibiza kommen dürfen, so sterbenskrank war sie. Der größte Wunsch der Mutter, die sie begleitete, war aber ein deutschsprachiger Priester, der ihrer Tochter die Sterbesakramente gibt. Die einzige Möglichkeit, ihr diesen Wunsch zu erfüllen, war für mich Pater Tomeo. Also rief ich ihn an, und er versprach, am nächsten Tag mit der ersten Maschine zu kommen. Viertel nach sieben holte ich ihn am Flugplatz ab, und die junge Frau bekam dann die Krankensalbung.

Wären nur alle Priester so berufen und verständnisvoll wie Pater Tomeo!

Ich fühlte mich von Anfang an auf Ibiza sehr wohl. Nie gab es irgendwelche Probleme mit den spanischen Behörden, man lässt mich in Ruhe arbeiten. Behandelt wird in einem speziellen Raum im Vier-Sterne-Hotel »Los Molinos« in Figueretes, einem Teil von Ibiza-Stadt. Die prächtige Lage direkt am Meer, der artenreiche, reizvolle Garten um den Swimmingpool, erstklassige Unterbringung und hervorragende Verpflegung tun den Hilfesuchenden gut. Sie können entspannen und abschalten; viele haben erstmals Zeit, nur an sich zu denken und, was sehr wichtig ist, um sich auf den Genesungsprozess konzentrieren zu können.

Probleme machen zuweilen manche Hilfesuchende, die sich beispielsweise nicht an meine Anweisungen halten und offenbar nicht akzeptieren können, dass sich in langjähriger Praxis bestimmte Verhaltensregeln als sinnvoll für den Heilungsprozess erwiesen haben. Dass sie letztlich dabei sich selbst schaden, wollen sie nicht einsehen.

So erhalten alle Hilfesuchenden eine Meditations-CD und einen CD-Player mit der Maßgabe, nach den gemeinschaftlichen Sitzungen in ihrem Zimmer eine Ruhephase einzulegen und nochmals die CD zu hören, damit die Energien sich in ihrem Körper manifestieren können. Was glauben manche machen zu müssen? Hocken entweder gleich in der Cafeteria oder setzen sich in die Sonne und das Abspielgerät wortwörtlich in den Sand.

Diese CD gebe ich jedem als persönliches Geschenk mit nach Hause mit der Bitte, sie weiterhin zu nutzen. Denn das Negative, das sich jahrelang im Körper festgesetzt hat, lässt sich nicht immer in vierzehn Tagen herausspülen. Der Körper braucht Zeit, die erhaltenen Energien umzusetzen.

Leider gibt es in jeder Gruppe welche, die trotz gegenteiliger Ermahnungen ellenlang mit anderen über ihre Krankheiten und über das, was sie in den Behandlungen spüren oder nicht spüren, in einer Weise reden, dass die Gruppe negativ beeinflusst wird. Das heißt, sie erschweren nicht nur meine Arbeit, sondern mindern auch den eigenen Heilungserfolg und den ihrer Mitmenschen. Klar, dass mir dann die Schuld gegeben wird ...

Vereinzelt passieren kuriose Dinge. Da meinte eine Frau mir empfehlen zu müssen, ich sollte doch mehr über mein

Sternzeichen lesen, damit ich noch erfolgreicher arbeiten könnte. Ein ander Mal wollte jemand die Behandlungszeit verlegt haben, weil er sonst nicht zur gebuchten Zeit auf dem Golfplatz sein könne.

Wirklich ärgerlich sind diverse Versuche, nach erfolgreicher Behandlung weiterhin den Kranken zu mimen, um das Honorar zurückzubekommen. Und schlichtweg empörend finde ich es, wenn jemand auf fremde Kosten (also meine oder durch Hilfe des Fördervereins für die geistige Heilung bedürftiger schwerstkranker Kinder) anreisen und behandelt werden konnte und sich dann herausstellte, dass man sehr wohl über ausreichend eigene finanzielle Mittel verfügt; also praktisch einem wirklich Bedürftigen den Platz weggenommen hat.

Glücklicherweise verhält sich die Mehrzahl derer, die auf Ibiza meine Hilfe suchen und bekommen, so, wie es ihrer Situation angemessen ist. Sie wissen, dass ich weiß, welche Odyssee an Arztbesuchen und Therapieversuchen sie hinter sich haben. Und sie erhalten in den zwei Wochen ihres Aufenthaltes neben der bestmöglichen leiblichen Versorgung meine ungeteilte Aufmerksamkeit und, so der Himmel will, ihr höchstes Gut zurück: ihre Gesundheit.

31
Kein Märchen aus 1001 Nacht

Im Laufe der Zeit bekam ich viele Einladungen aus aller Herren Länder. Hätte ich die angenommen, wäre ich die Hälfte des Jahres unterwegs gewesen. Was allein deshalb nicht möglich war, weil ja ständig Hilfesuchende vor meiner Tür standen.

Gern wäre ich zum Beispiel der Einladung einer Ordensschwester aus meiner Heimat gefolgt, die in Kolumbien für bedürftige Kinder tätig war. Ich konnte sie zwar in ihrer Arbeit finanziell unterstützen, doch für einen Besuch vor Ort reichte nie die Zeit. Inzwischen könnte ich es mir zeitlich einrichten, aber wie das so ist; manchmal schiebt man Dinge auf, für die es dann zu spät ist: Die Schwester wurde inzwischen in den Vatikan abberufen.

So mancher Prominente ließ mich wissen, dass er für sein Wohlergehen gerne meine Hilfe hätte. Geld spiele keine Rolle, kam dann oft im Nachsatz. Als ob es darum ginge! Gut, ich will meine Zeit bezahlt haben und muss ja auch von etwas leben. Aber Gesundheit kaufen und am besten mit Heilgarantie?! Der Himmel weiß, wie oft ich dieser Ansicht noch begegnen werde ...

Ich würde auch ihm oder ihr gerne helfen, so antworte ich den Reichen und Schönen stets. Doch da ich mich nicht extra auf den Weg machen kann (von ganz seltenen Ausnahmen mal abgesehen), teile ich wie in allen Fällen Adresse und Telefonnummer meines Büros mit. Einige Berühmtheiten kamen daraufhin zur Behandlung zu mir, andere hingegen zeigten sehr wenig Verständnis dafür, dass ich ihnen keinen Sonderstatus einräumen kann.

Es war Anfang der 90er-Jahre, als ich in Südtirol Besuch vom Leibarzt des saudischen Königs bekam. Er hatte in Deutschland studiert und aus einer deutschen Zeitung, die er sich regelmäßig nach Saudi-Arabien schicken ließ, von mir erfahren. Er wollte sich meine Arbeit mal ansehen, weil er daheim einen Patienten hatte, dessen Genesung keine Fortschritte machte. Nachdem der Arzt erlebt hatte, dass bei mir so mancher gesund wurde, telefonierte er mit dem Königspalast. Prompt wurde mir eine Einladung von höchster Stelle geschickt. Ich bräuchte nur mein Visum abzuholen, das läge schon bereit. Man erwartete mich umgehend.

Ja wie, umgehend? Ich konnte doch nicht für einen Kranken dreißig andere einfach stehen lassen. Egal, ob der eine nun Bettler oder König oder sonst was ist. Ich sagte also ab; so kurzfristig sei das nicht möglich. Na ja, hieß es daraufhin aus Saudi-Arabien, wenn ich nicht sofort käme, dann bräuchte ich gar nicht zu kommen.

Mitte der 90er-Jahre, ich war inzwischen ausschließlich auf Ibiza tätig, rief mich auf Empfehlung des Leibarztes ein entfernter Verwandter der Königsfamilie an. Dieser Rashid B. bat mich um Hilfe für seine 30-jährige Schwester Munira, die im Alter von zwölf Jahren erblindet war. Sie kamen zweimal zur Behandlung auf die Insel. Leider verbesserte sich damals Muniras Sehkraft kaum.

Da Rashid die Hoffnung auf ihre Heilung nicht aufgab, wollte er bald ein weiteres Treffen vereinbaren. Nur könne man nicht so weit reisen, weil auch einer seiner Freunde, ein junger Bauingenieur, der seit einem Sturz vom Gerüst querschnittsgelähmt war, Hilfe benötigte. Kairo läge noch in akzeptabler Entfernung, meinte er. Ausnahmsweise sagte ich zu, in die heiße und laute ägyptische Hauptstadt zu fliegen.

»Wenn ich nach Kairo komme, werde ich aber nicht aufhören, mit Pio zu beten und mein Kreuz um den Hals zu tragen«, kündigte ich an.

»Das verstehe ich«, sagte Rashid, der glücklicherweise zu den aufgeschlossenen Arabern gehört. »Aber für viele meiner Glaubensbrüder wirkt das Kreuz provozierend. Trage es bitte unter dem Hemd.«

So geschah es dann auch. In der Zeit in Kairo sprachen Rashid und ich wie schon bei unseren früheren Treffen über seine und meine Religion, über deren Unterschiede und deren Gemeinsamkeiten.

Auch im Islam wird Jesus Christus verehrt, aber nicht als Gottes Sohn – denn der hat nach Meinung der Moslems keinen –, sondern als Prophet. Und Maria ist folgerichtig die Mutter des Propheten.

»Ich nenne ihn Allah, du nennst ihn Gott, aber beide sind eins«, meinte Rashid. »Wir glauben an denselben Gott, weil es nur einen gibt.«

Auch diesmal wurde Munira nicht sehend, doch beim jungen Bauingenieur regte sich nun unterhalb der Gürtellinie so viel, dass er lächelnd und mit einem hübschen Mädchen an der Hand die Heimreise per Nachtzug antrat ...

Rashid und ich blieben in losem telefonischen Kontakt. Ein paar Tage nach dem Millennium-Silvester rief er mich wieder mal an. Diesmal bat er mich inständig um einen Besuch in Saudi-Arabien. Munira sollte doch endlich wieder sehen können. Er sicherte mir eine Einladung (ohne die praktisch niemand ein Visum erhält und in das Land reisen kann), ein First-Class-Flugticket und einen luxuriösen Aufenthalt zu. Und da er wusste, wie wenig es mich in die Fremde zieht, versprach er: »Ich habe dreißig Leute eingeladen, die ständig um dich herum sein werden und Deutsch sprechen, damit du dich wie zu Hause fühlst.«

Ich konnte einfach nicht absagen. Vor allem deshalb nicht, weil ich glaubte, es mit und für Munira schaffen zu können. Vielleicht nagte da auch noch an mir die Enttäuschung über frühere vergebliche Heilversuche. Vielleicht lag es auch an der gefühlsmäßigen Beziehung, die ich zu Munira entwickelt hatte. Jedenfalls hatte ich mir so sehr gewünscht, dass sie gesund wird.

Also begab ich mich zum zuständigen Konsulat, um mein Visum zu beantragen. Das Formular, das ich auszufüllen hatte, machte mir schlagartig klar, dass ich keine Märchen aus 1001 Nacht zu erwarten hatte. Stand doch da unübersehbar die Warnung, dass mit dem Tode bestraft wird, wer Alkohol oder Rauschgift oder religiöse Schriften nach Saudi-Arabien verbringt. Das war ein Schock! Worauf habe ich mich da bloß eingelassen? Was kommt da auf mich zu? Was passiert mir ohne mein Kreuz, ohne meinen Jesus, ohne meinen Gott in dem fremden Land?

Nun, den Herrgott trage ich im Herzen. Dagegen können die Saudis nichts tun. Und die Kette mit meinem Jesus trage ich wie in Kairo auf der Haut unter der Wäsche, beschloss ich und reiste über London nach Djidda.

Rashid holte mich mit seinem Freund, einem Offizier und Bruder des Polizeichefs von Djidda, am Flughafen ab und brachte mich in mein Hotel. Das Zimmer erwies sich als eine 200-Quadratmeter-Luxussuite mit riesigem Salon, zwei Bädern und drei Schlafzimmern.

Bereits am nächsten Tag begannen die Behandlungen. Nicht nur Munira sollte ich helfen. Da hatten sich auch viele Bekannte Rashids eingefunden, die entweder selbst krank

31 Kein Märchen aus 1001 Nacht

waren oder kranke Verwandte begleiteten. Viele Kinder mit Hirnschäden waren ebenso dabei wie von Geburt an Verkrüppelte. Es war eine so massive Ansammlung Schwerstkranker, dass mir sofort klar war, dass ich in den zwei Wochen, die ich zur Verfügung hatte, Schwerstarbeit zu leisten hatte und zugleich beim besten Willen nicht allen werde helfen können. Dennoch ging ich konzentriert an meine Arbeit und hoffte insgeheim, dass ich vor allem Munira werde helfen können.

Zu meiner Unterstützung kam zu den täglichen Behandlungen eine Dolmetscherin. Außerhalb dieser Zeiten war von ihr ebenso wenig zu sehen wie von den angekündigten dreißig Deutschsprechenden. In Djidda wird Arabisch und Englisch gesprochen. Da konnte ich mit Deutsch und Spanisch nichts anfangen. Mit meinen paar Brocken Englisch und mit Händen und Füßen half ich mir über die Runden. Wäre ich bloß damals in Bochum statt ins Bali-Kino zu flüchten im Englisch-Unterricht sitzen geblieben …!

Am zweiten Abend fuhr Rashid mit mir in die Stadt. Er kannte ja von früher mein radebrechendes Englisch. Auf meine Bitte nach deutscher Lektüre hielt er vor einem Buch- und Zeitschriftenladen. Ich hatte von daheim nur eine Bootszeitung im Gepäck, darauf vertrauend, dass in einer Weltstadt wie Djidda ausreichend deutsche Lektüre zu kriegen sein müsste. Bekam ich auch, aber was für welche! Rashid brachte mir einen Packen deutschsprachiger Drucksachen, die nur ein einziges Thema behandelten: den Islam.

Um ihm einen Gefallen zu tun und ihm in Sachen Religion Rede und Antwort stehen zu können, las ich während der folgenden Tage in den Schriften. Im ersten Büchlein entdeckte ich in punkto Liebe und Nächstenliebe durchaus Gemeinsamkeiten unserer beiden Religionen. Doch dann kam ich zu »Christentum und Islam«, einem Machwerk, das nichts als Angriffe gegen Christen enthielt. Normalerweise hätte ich das Buch zugeklappt und weggelegt. Doch ich las weiter, nicht nur, weil ich inzwischen die Bootszeitung auswendig konnte, sondern weil ich mir immer noch Mühe geben wollte, Rashid und seine Glaubensbrüder zu verstehen.

Anfangs kaum bemerkt, geschah allmählich etwas Seltsames. Ich spürte, dass meine Heilkraft umso mehr nachließ, je mehr ich mich in die Schriften vertiefte. Ich fand keine andere Erklärung dafür als die, dass es wieder eine Prüfung für mich war, ob ich fest in meinem Glauben bin. Gefahr erkannt, Gefahr gebannt, dachte ich bei mir, und beendete schlagartig diese Lektüre.

Es dauerte keine Stunde, bis ich wieder im Besitz meiner vollen Energie war.

Bereits nach der zweiten Nacht musste ich das Hotel verlassen. Es hatte sich in Djidda und Umgebung herumgesprochen, dass ein Heiler am Ort ist. Der Polizeichef, der auch zwei behinderte Kinder bei mir in Behandlung hatte, warnte: »Es tut sich was. Wir rechnen morgen mit einer Invasion von 100 bis 150 Menschen, die ins Hotel stürmen wollen.« Daraufhin holte mich Rashid in den Palast seiner Familie, wo ich für die Restdauer meines Aufenthaltes untergebracht wurde.

Die Gastfreundschaft war landesüblich großzügig, doch ich kam mir wie in einem goldenen Käfig vor. Mein Zimmer lag direkt neben dem meines Gastgebers. Zu den Behandlungen, die in einem anderen Haus auf dem riesigen abgeriegelten Gelände stattfanden, wurde ich stets begleitet. Wollte ich sonst das Zimmer verlassen, holte mich Rashid stets ab. Ich konnte keinen Schritt alleine gehen. Mein Frühstück wurde aufs Zimmer gebracht von zwei Hausmädchen,

31 Kein Märchen aus 1001 Nacht

die den ungläubigen Fremden weder ansehen noch ansprechen durften.

Einmal musste ich zur Behandlung, als die Familie in einem Zimmer, das am selben Gang wie mein Zimmer lag, noch beim Essen war. Rashid machte mir unmissverständlich klar, dass man nicht in das Speisezimmer zu schauen hat. Also musste ich mit stur geradeaus gerichtetem Blick vorbei gehen. Das hört sich harmlos an, ist es wohl auch. Aber ungewöhnlich ist es schon, nicht seitwärts blicken zu dürfen und dabei einen Aufpasser im Rücken zu spüren.

So wenig wie ich mich innerhalb des Palastgeländes frei bewegen konnte, so unbewacht kam ich nach draußen. Dass es auch wirklich Privatgelände bleibt, dafür sorgen zwei Torwächter, die zudem rund um die Uhr den Wagenpark der Familie betreuen. Damit ständig ein Fahrzeug verfügbar ist und das Tor geöffnet werden kann, versehen die beiden jungen Pakistani ihren Dienst aus zwei kleinen Kammern heraus, die sie direkt neben dem Tor bewohnen.

Meine Gastfamilie ist nicht reich – sie ist sehr reich und in vielerlei Geschäftsbereichen, vor allem als Importeure tätig. Bei Rundfahrten durch Djidda, einer Betonstadt voller Luxusbauten, versäumte es Rashid nicht, mich auf Gebäude hinzuweisen, die entweder seiner weit verzweigten Sippe gehörten oder von ihr gebaut worden waren. Ich habe Reiche gesehen, die keinem Bettler ein Almosen verwehrten. Aber warum muss es überhaupt Arme geben in einem Land, dessen immenser Ölreichtum einen Königspalast für zwei Billionen Mark ermöglicht? Lässt sich das wirklich mit dem Gebot der Nächstenliebe vereinbaren?

So gesehen wirkte es auf mich schon etwas theatralisch, als das Oberhaupt von Rashids Familie, also sein Vater, am Abend vor dem Freitag (dem arabischen Sonntag) betend hinter seinem Schreibtisch saß und an Arme je einen Rialschein, das sind umgerechnet 50 Pfennig, verteilte. Das Hundertfache hätte ihm auch nicht wehgetan.

Vom ersten Tag an behandelte ich auch einen Freund Muniras, dessen rechte Seite nach einem schweren Verkehrsunfall und siebenmonatigem Koma gelähmt war. Am dritten Tag konnte er den rechten Arm und die Hand schon wieder etwas bewegen, am fünften Tag waren die Spasmen aus der Hand verschwunden, und die Finger öffneten sich. Das war in der relativ kurzen Zeit ein schöner Erfolg.

Auch bei manchen der kranken Kinder zeigten sich deutliche Besserungen. Im Falle Muniras hatten wir die Hoffnung noch nicht aufgegeben, zumal sie inzwischen mehr und mehr auf Licht reagierte. Vielleicht, so dachte ich nach einer Woche, erlangt sie zehn oder gar zwanzig Prozent Sehkraft wieder, so dass sie sich dann mit einer Brille behelfen könnte.

Einmal war statt der üblichen Dolmetscherin ein Saudi zugegen, der sehr gut Deutsch sprach, da er in Mainz geboren wurde. Ich sagte ihm, dass ich wohl menschlich verständliche Sympathien für die Hilfesuchenden entwickele und wie sehr ich mir wünschte, dass Munira wieder sehen kann.

»Herr Drevermann«, meinte er da zu mir, »denken können Sie das ja, aber sagen Sie hier so etwas nie laut. Ich werde das auch nie übersetzen. Denn es ist so: Wenn hier auch nur eine Zuneigung angedeutet wird, dann sind sofort alle Türen zu. Und morgen früh landen Sie irgendwo, im besten Fall mit dem nächsten Flugzeug zu Hause.«

Tagtäglich wurde mir bewusst, dass ich mich in einer total anderen Welt befand. So sehr ich es auch versuchte, ich konnte mir vieles, was mir begegnete, nicht erklären. Was geht in diesen Menschen vor? Was denken und wie fühlen sie? Unterliegt wirklich alles, was sie tun oder unterlassen, den Vorschriften des Korans?

Dass die Moslems es bitterernst meinen, wurde mir ja schon klar gemacht, als ich mein Visum beantragte. Und sollte ich noch Zweifel gehabt haben, dann wurden die während der täglichen, staatlich vorgeschriebenen Gebetszeit beseitigt. Da verwandelte sich Djidda plötzlich in eine Geisterstadt. Kein Mensch war auf der Straße, kein Auto fuhr. Alle kleinen Geschäfte, alle Supermärkte und all die reichlich vorhandenen Fast-Food-Läden waren geschlossen. Und wehe, die Polizei entdeckt einen Geschäftsmann, der seinen Laden noch offen hat. Der wandert auf der Stelle wegen Missachtung der Gebote ins Gefängnis.

Missachtung wäre übrigens ein zu schwaches Wort, wollte man beschreiben, was man in Saudi-Arabien von uns Christen hält. Auch Rashid, der sich bei unseren früheren Treffen auf Ibiza und in Kairo noch tolerant gab, entpuppte sich in seiner Heimat als linientreuer Moslem, für den es nur eine Art von Gläubigen gibt. Einmal fuhren wir an einem alten Friedhof vorbei und er meinte zu mir:

»Da liegen die Christen. Aber heute kommen hier keine mehr hin. Wenn mal einer stirbt, dann wird er außerhalb von Djidda begraben. Wenn es überhaupt noch einen gibt.«

Mir schien es, als ob Rashid dabei lächelte. Aber vielleicht hatte ich mich getäuscht ...

Jeden Tag kamen viele Menschen zur Behandlung. Nach einer guten Woche erzählte mir Rashid von einem guten Bekannten Muniras, der auf einem Auge wegen derselben Krankheit blind war und mit dem anderen Auge noch zu siebzig Prozent sehen konnte. Hassan hieß er und galt als einer der erfolgreichsten Musikproduzenten der arabischen

31 Kein Märchen aus 1001 Nacht

Welt. Ob ich ihm nicht auch helfen könne? Ich sagte wie stets, dass ich es versuchen kann. Wir werden ja sehen. Und in der Tat, er wurde sehend. Gleich beim zweiten Termin hatte er Reaktionen in dem kranken Auge. Tag für Tag wurde das Licht für ihn stärker, und am Ende der Behandlungen schätzte er die wiedergewonnene Sehkraft auf sechzig Prozent.

So groß die Freude über diesen Erfolg war, so groß war letztlich auch der Schmerz von Rashids Familie. Denn wie schon in Kairo konnte ich einem anderen, aber Munira nicht wirklich helfen. Noch am drittletzten Tag meines Aufenthaltes in Djidda versprach mir Rashid eine Million Mark für den Fall, dass seine Schwester wieder sehend werden würde. Dann, als klar geworden war, dass auch das nicht hilft, kühlte die Stimmung merklich ab. Der Heiler hatte seine Schuldigkeit nicht getan, er konnte verschwinden.

Auf dem Weg zum Flughafen meinte Rashid plötzlich: »Übrigens, ich hätte nicht gedacht, dass du Rauschgift nimmst. Und das in meinem Haus. Ich bin gespannt, was die Flughafenpolizei dazu sagen wird.«

Ich war fassungslos. »Du kennst mich doch«, beschwor ich ihn. »Ich nehme das Zeug nie und nimmer! Ich hab so etwas noch nie in der Hand gehabt, geschweige denn benutzt!«

Ich verstand die Welt nicht mehr. Und schon gar nicht, als sich herausstellte, dass verleumderischerweise Hassan, ausgerechnet der geheilte Hassan – warum auch immer – Rashid hinterbracht hatte, dass ich irgendwelches Zeugs geraucht hätte. Auf dem Weg zum Airport war weder Zeit zum Diskutieren, noch konnte ich irgendeinen klaren Gedanken fassen. Angst, übelste Angst kroch in mir hoch. Ich hatte nur noch einen Gedanken: Bloß weg hier, und das schnell und mit heiler Haut!

31 Kein Märchen aus 1001 Nacht

Kurz darauf hatte ich unbehelligt eingecheckt. Minuten später saß ich im Flugzeug. Nie in meinem Leben klang für mich der Lärm anlaufender Triebwerke lieblicher als bei meinem mit Sicherheit ersten und letzten Abflug aus Saudi-Arabien.

Und da es eine britische Maschine war, genehmigte ich mir erst einmal gefahrlos einen Gin Tonic.

Schnell vergaß ich, wie einsam ich mich gefühlt habe inmitten der Moslems während des Osterfestes, denn das fiel genau in die Zeit meiner Reise nach Saudi-Arabien.

Nicht vergessen werde ich die Rigorosität ihres Glaubens, der trotz vieler Fragwürdigkeiten aus christlicher Sicht auch etwas Faszinierendes hat und uns mehr Fragen stellt, als wir Antworten haben.

Zum Beispiel: Was können wir von der Glaubensgemeinschaft des Islam lernen? Ist der starke Zusammenhalt nicht wünschenswert? Wie gut bekäme uns Christen mehr Festigkeit im Glauben? Wie wäre es dann um die Werte in unserer Gesellschaft bestellt? Was gewinnt unsere Kirche, wenn sie sich ständig auf dem Rückzug befindet? Und was gewinnen wir Christen, wenn wir nur noch privat unseren Glauben vertreten?

Ich bin dankbar, dass ich als Christ und nicht als Moslem zur Welt gekommen bin. Und das werde ich von nun an noch heftiger als bisher kundtun!

32
Wie ich dem kleinen Ddschulay helfen konnte

Im Anhang dieses Buches finden Sie, liebe Leser, Briefe von Menschen, die bei mir in Behandlung waren und denen ich helfen konnte. Es ist nur eine kleine Auswahl von Dankesschreiben, die mich in den vergangenen Jahren erreicht haben. Doch der Dank gehört eigentlich nicht mir, sondern er gebührt Gott, der mir die Kraft gab, anderen Menschen zu helfen.

In jedem Fall habe ich mich von ganzem Herzen mitgefreut, wenn ich einen Menschen heilen oder zumindest seine Beschwerden lindern konnte. Ganz besonders berührt hat mich jedoch der Fall des kleinen Ddschulay, den ich nicht mit eigenen Worten schildern will – sondern dessen unendliche Leidensgeschichte ich Ihnen mit dem Bericht näher bringen möchte, den eine große Illustrierte veröffentlicht hat:

Rolf Drevermann: »So habe ich dem kleinen Ddschulay ein neues Leben geschenkt.«

Am 17. Dezember 1992 bringt Ina van Eyk (heute 29) im Stadtkrankenhaus von Neuwied Ddschulay zur Welt (2710 Gramm, 49 Zentimeter). Kerngesund sei der Junge, sagen Arzt und Hebamme der stolzen Mutter.

Ein schrecklicher Irrtum, wie sich bald herausstellen wird.

Eines Nachts, Dduschlay ist etwa acht Wochen alt, schaut die Mutter nach ihrem Sohn – und erschrickt zu Tode: Das

Kind liegt wie erstarrt in seinem Bett, das Gesicht blau angelaufen. Ina van Eyk: »Ich riss ihn aus seinem Bettchen, schüttelte ihn, schrie wie von Sinnen. Mein Mann, ein ausgebildeter Krankenpfleger, eilte herbei und reanimierte unser Kind.«

Der Beginn eines Alptraumes. Bis zu 18-mal in jeder Nacht setzte fortan der Atem bei Ddschulay aus, zeitweise stand auch sein Herz still. Jedes Mal ein kleiner Tod.

Die Ärzte kommen zu unterschiedlichen Diagnosen: Zunächst vermuten sie, dass der Mageninhalt des Kleinen zurück in die Speiseröhre läuft und die Erstickungsanfälle auslöst; dann diagnostizieren sie eine Erweichung der Speiseröhre als Ursache für die lebensgefährliche Krankheit. Zweimal wird Ddschulay operiert – nichts bessert sich, im Gegenteil, die Atem- und Herzstillstände kommen immer häufiger. Auch Ärzte in Ungarn und der Schweiz können nicht helfen.

Die Eltern holen den Jungen aus der Klinik nach Hause zurück (»Die Ärzte waren sowieso ratlos«), schließen ihn an einen Kontrollmonitor an. Vater Rudolf van Eyk (60) muss seinen Job aufgeben, weil er jede Nacht am Bett seines Sohnes wacht. Die Familie lebt fortan von der Sozialhilfe.

Hoffnung kam bei den van Eyks noch einmal 1995 auf: Margarete Schreinemakers hatte in ihrer Sendung zu einer Spendenaktion für Ddschulay aufgerufen, damit der in der weltberühmten Mayo-Klinik in den USA untersucht und eventuell ein drittes Mal operiert werden konnte. 250 000 Mark kamen zusammen, und die Eltern konnten mit Ddschulay in die USA fliegen.

Die Ärzte der Mayo-Klinik stellten eine Hirnstammepilepsie bei Ddschulay fest und operierten den Jungen erneut. Ergebnis: Die Atem- und Herzstillstände traten unvermindert auf.

Ina und Rudolf van Eyk fragten sich: Nahm dieser Alptraum denn überhaupt kein Ende?

Da las Vater Rudolf in einer Illustrierten vom Wunderheiler Rolf Drevermann. Ein Anruf auf Ibiza, und der Heiler erklärt sich sofort bereit, den kleinen Ddschulay zu behandeln und auch die Kosten für Flug und Unterkunft zu übernehmen.

Im März 1998 ist Ddschulay beim Wunderheiler. Drei Wochen lang legt der ihm täglich für einige Minuten die Hände auf – und das Wunder geschieht: Seit dieser Zeit hat Ddschulay nie wieder einen Atemstillstand, sein kleines Herz schlägt regelmäßig wie ein Uhrwerk.

Wer ist der Mann, der dieses Wunder vollbracht hat?

Rolf Drevermann (51) stammt aus dem westfälischen Warendorf. Tausenden hat er geholfen, so wie dem kleinen Ddschulay. Er wurde sogar vom spanischen König Juan Carlos gerufen und vom saudi-arabischen Königshaus. Auch viel deutsche Prominenz zählt zu seinen Patienten – im letzten Herbst hat sich Volkssängerin Maria Hellwig (73) bei ihm einen Meniskusschaden beheben und Rheumabeschwerden lindern lassen.

Warum heilt Rolf Drevermann auf Ibiza und nicht in Deutschland? Der Oberkreisdirektor von Warendorf hat ihm die Ausübung seiner Tätigkeit untersagt. Laut Gesetz (von 1939) dürfen nämlich nur Ärzte und Heilpraktiker Kranke heilen. Auch ein Schreiben des damaligen Wirtschaftsministers Möllemann half nichts: »Ich würde es begrüßen, wenn ein Weg gefunden wird, der es Herrn Drevermann gestatten würde, in Zukunft weiterhin seine Tätigkeit in Deutschland und nicht etwa im Ausland auszuüben.«

Doch der Staatsanwalt beschlagnahmte 1700 Dankschreiben, die Drevermann in Warendorf gesammelt hatte – als Beweis für die unerlaubte Ausübung der Heilkunde. Drevermann: »Ein ganz scharfer Hund. Wenn der gewusst hätte, dass seine Frau auch eine Patientin von mir war...« Und weiter: »Ich bin behandelt worden wie ein Schwerverbrecher, nur weil ich Menschen geholfen habe. Ich habe Verständnis dafür, dass der Gesetzgeber Kranke vor Scharlatanen schützen will. Aber es ließe sich bestimmt eine Lösung finden – wie etwa in England, wo Heiler gemeinsam mit Ärzten an Krankenhäusern arbeiten.«

Anhang
Patienten berichten

Anni V. aus Paderborn:

Seit mehreren Jahren litt ich unter Rückenschmerzen, steifen Finger- und Kniegelenken, verbunden mit starken Schmerzen in diesen Bereichen. Vor meiner Behandlung bei Herrn Drevermann wurde ich von verschiedenen Schulmedizinern mit Tabletten und Spritzen behandelt. Auch eine heilpraktische Behandlung brachte nicht den gewünschten Erfolg. Erst mehrere Sitzungen bei Herrn Drevermann brachten mir nahezu völlige Beschwerdefreiheit. Bei meinen Fingergelenken erzielte er eine 100-prozentige Heilung. Knie- und Rückenbeschwerden gingen bis auf 20 Prozent zurück.

Annita und Herbert L. aus Ochsenwörder:

Mein Mann hatte 1980 einen Schlaganfall mit halbseitiger Lähmung, zurück blieben im Bein auch furchtbare Schmerzen. Wir waren bei Professor E. im Krankenhaus Reinbek, der uns zum Professor ins Barmbeker Krankenhaus schickte. Beide konnten nicht helfen, die Schulmedizin war am Ende. Ich selbst hatte nach einer Bandscheibenoperation 1986 im linken Knie ständige Schmerzen. Wir waren vor einem Jahr bei Herrn Drevermann – und was die Professoren nicht konnten, hat er in fünf Tagen geschafft: Wir sind total schmerzfrei!

Renate Sch. aus Medebach-Küstelberg:

Seit über einem Jahr litt ich an krampfhaften Nervenschmerzen in der rechten Gesichtshälfte. Diese wurden über das gesamte Jahr in ärztlicher Behandlung mit Spritzen und Tabletten behandelt – ohne Erfolg. Nach einem Besuch bei Herrn Drevermann stellte sich eine Besserung ein. Kurz darauf blieb ich für eine Woche bei ihm in Behandlung, woraufhin sich die Schmerzen völlig verloren. Bis heute sind sie nicht wieder aufgetreten. Für seine Hilfe bin ich Herrn Drevermann sehr dankbar.

Christa D. aus Unna:

Mein Arzt hatte einen schweren Bandscheibenvorfall diagnostiziert. Ich sollte mich umgehend einer Operation unterziehen. Zu dieser Zeit erfuhr ich von den Fähigkeiten des Herrn Drevermann und bemühte mich um einen Termin. Da ich schon über einen längeren Zeitraum arbeitsunfähig krank war, überraschte es mich umso mehr, dass ich bereits nach dem zweiten Besuch bei Herrn Drevermann die Krankenhauseinweisung zurückstellen konnte. Nach drei weiteren Besuchen habe ich dann meine Tätigkeit wieder aufnehmen können.

Horst L. aus Kempten:

Vor 23 Jahren hatte ich zwei Hüftumlagerungen (Osteotomien) nach einem nicht erkannten Geburtsfehler, und vor elf Jahren bekam ich eine Kreuzbandplastik ins linke Knie operiert (bedingt durch einen zurückliegenden Unfall). Seit der

Knieoperation musste ich ständig einen Stützstrumpf vom Fuß bis unterm Knie tragen, da bei der letztgenannten Operation wohl meine Venen verletzt worden waren.

Nun ist es so, dass ich als tanzbegeisterter Mensch einem Tanzclub angehöre. Und bei der Einübung eines Schrittes, der auch eine Hüft- bzw. Beckenbewegung benötigt, hat sich im an sich starren Gelenk zwischen Kreuzbein und Darmbeinschaufel auf der linken Seite ein Schmerz eingenistet, der vor allem in den Schlafenszeiten bei jeder Bewegung unerträglich war. Jede kleinste Körperbewegung ließ mich hellwach werden, so durchdringend war der Schmerz. Dementsprechend war meine Schlafqualität so schlecht, dass ich nur im Zustand der Erschöpfung einen kurzen Schlaf hatte. Mein Orthopäde riet mir erst zu Anästhesiespritzen, Krankengymnastik mit Massagen und Fango, und nachdem dies nicht half, bekam ich Ultraschallmassagen, wieder ohne Ergebnis. Auch eine Laserbestrahlung brachte immer nur einen Erfolg von 1 bis 2 Tagen Schmerzlinderung. Dann ging alles wie gehabt mit starken Schmerzen weiter. Schmerztabletten wollte ich keine nehmen, ebenso lehnte ich Cortison-Spritzen ab. Dann, als ich völlig entnervt war, las ich einen Bericht über die Heilerfolge des Herrn Drevermann. Bereits nach der ersten Sitzung wandelte sich der Nachtschmerz in einen wesentlich leichter zu ertragenden Tagschmerz um, nach vier Sitzungen war es nur noch ein leichter Hintergrundschmerz, und ich konnte in den Nächten wieder durchschlafen. Nach ungefähr fünf Wochen war auch dieser Schmerz ganz abgeklungen.

Bei der ersten Sitzung sah Herr Drevermann den Stützstrumpf und sagte so ganz beiläufig, dass er auch dagegen etwas tun könne. Im Anschluss an die Sitzung hielt er noch eine kurze Zeit über dem Bein inne. Darauf sagte er, ich solle versuchen, ohne den Stützstrumpf auszukommen. Falls aber die Wade wieder anschwellen sollte und die Schmerzen da wären, sollte ich ihn vorläufig wieder anziehen.

Nach über acht Jahren im Umgang mit dem Stützstrumpf legte ich diesen ab und habe ihn seither nicht mehr benötigt. Meine Wade bleibt so locker wie die des nichtoperierten Beines, das Knie ist nicht mehr gefühllos, und die Schmerzen sind weg. Auf der Heimreise war ich so erfüllt von dieser Heilung, dass ich es am liebsten jedem erzählt hätte.

Willi Sch. aus Grafschaft:

Im Oktober 1990 hatte ich einen Darmtumor und wurde daran operiert. Im Februar 1991 hatte der Krebs die Leber befallen. In Bonn wurde ich im März operiert, aber ohne Erfolg. Ich bekam Chemotherapie. Dann bekam ich einen Hinweis auf den Herrn Drevermann. Ich habe ihn öfter aufgesucht und mich behandeln lassen. Die Metastasen in der Leber wurden immer kleiner. Dies bestätigten einige Untersuchungen, welche ich immer wieder durchführen ließ. Heute habe ich keine Beschwerden mehr.

Barbara K. aus Wolfenbüttel:

Wir haben uns vor einigen Jahren in deinem Lokal in Torrox kennen gelernt, oft saßen wir gemütlich bei dir beim Essen. An einem dieser Tage fiel dir das schmerzverzerrte Gesicht meines Mannes auf, und du hast zurückhaltend deine Hilfe angeboten. Da mein Mann sehr starke Schmerzen hatte, vertraute er sich dir an, und wir haben uns in eine ruhigere Ecke des Lokals gesetzt. Du hast deine Hände einige Minuten über seinen Kopf gehalten. Wir können es bis heute nicht fassen: Die Schmerzen im Rücken meines Mannes ließen nach.

Dieter St. aus Zwintschöna:

Schon über mehrere Jahre litt ich an in immer kürzeren Abständen auftretenden, teils starken Schmerzen im Knie und linken Fuß. »Typische Gonarthrose mit randständigen Auswulstungen, unregelmäßigen Begrenzungen der Condylen, der Gelenkbereiche der Condylen. Der Fuß zeigt leichte Spreizfußbildung, erhebliche Arthrose des Großzehengrundgelenkes mit Verschmälerung des Gelenkspaltes«, so der ärztliche Befund. Hilfe konnten mir die Ärzte aus einer Reihe objektiver Gründe nicht zuteil werden lassen.

Sie, Herr Drevermann, konnten helfen und mich von den Beschwerden befreien bzw. sie spürbar lindern. Schon nach der ersten Behandlung von Ihnen war ich nahezu beschwerdefrei und bin es gegenwärtig immer noch. Mein Knie und mein Fuß sind ohne Schmerzen gut beweglich, und auf einen Gehstock kann ich ganz verzichten.

Jacqueline P. aus Leipzig:

Bevor ich Sie aufsuchte, litt mein Sohn Julian unter sehr häufigen Asthmaanfällen, die mit vielen starken Medikamenten behandelt werden mussten – ohne dauerhafte Besserung. Seit Ihrer Behandlung in Südtirol sind bei Julian keine Asthmaanfälle mehr aufgetreten. Er kann mit seinen Freunden rennen und kann auch unsere Wohnung in der 5. Etage mühelos erreichen. Über den Behandlungserfolg sind wir so glücklich und dankbar.

Anhang Patienten berichten

Verona H. aus Knesenhagen:

Ich bin zu Ihnen nach Südtirol gekommen, weil ich (31 Jahre alt) unter täglichen starken Schmerzen litt. Kein Arzt konnte mir helfen. Die Schmerzen im Bauch (angeblich Verwachsungen und Vernarbungen nach Operationen) waren so unerträglich, dass ich manchmal kaum noch gehen konnte. Es war eine Qual, und es ging fast schon über ein Jahr. Seit ich bei Ihnen war, bin ich wieder gesund. Herr Drevermann, ich weiß gar nicht, wie ich Ihnen danken soll. Dieses Gefühl, keine Schmerzen zu haben, die Nächte schlafen zu können und morgens aufzuwachen und es geht einem gut, das kann man nicht beschreiben. Es ist so toll, es ist wie ein neues Leben.

Dr. Alphons W., Arzt für Allgemeinmedizin, aus Dortmund:

Die Umsetzung Ihrer Behandlungsenergie bei meiner Frau weist bisher einen sehr guten Erfolg auf. Die spontane Besserung nach der dritten Behandlung hält nun schon acht Wochen an. Die rheumatischen Schwellungen und Schmerzen in beiden Händen und unter den Handgelenken wurden und müssen jetzt noch mit Medikamenten weiter behandelt werden. Entscheidend kommt es aber darauf an, dass meines Erachtens Ihre Methodik zu einer Bewusstseinsänderung ins Positive geführt hat. Die seit mehr als einem Jahr durchgemachten Erkrankungen meiner Frau gingen letztendlich doch auch mit negativen Gefühlsstimmungen wie Ängstlichkeit, Unruhe und mangelnder Hoffnung einher, die uns veranlasst haben, Sie aufzusuchen. Vielleicht ist es die energetische Potenz, die Sie aufwenden müssen, diese negativen Gemütszustände gezielt zu harmonisieren und wieder ins rechte Licht zu rücken. Und das ist doch ein ganz positiver Erfolg.

Heinz G. aus Hiddenhausen:

Sie haben mir wirklich sehr geholfen. Ich litt ja seit meinem 60. Lebensjahr, also seit 1984, unter starken Asthmaanfällen. Seit ich bei Ihnen war, bekomme ich wieder Luft, und mir geht es im Moment sehr gut, habe auch seitdem keine Anfälle mehr gehabt.

Jeannette W. aus Bielefeld:

Vor kurzem hatte mein Sohn Christian seine erste Ultraschalluntersuchung nach Ihrer Behandlung. Aus den Bildern ließ sich ersehen, dass sich die großen Zysten in seinen Nieren aufgelöst haben. Stattdessen sind nur noch lauter kleine Zysten vorhanden. Ich hoffe, dass das ein erster Schritt zu Genesung ist. (…) Seit unserer Ankunft in Bielefeld misst Christian auch regelmäßig seinen Blutdruck, der bis heute immer ziemlich konstant geblieben ist, manchmal sogar gut normal. Die schlimmsten Ängste sind also überstanden.

Wolfgang Sch. und Marianne E. aus Berlin:

Offensichtlich musste ich erst selber krank werden und das Versagen der Schulmedizin erfahren, um dann allein durch Handauflegen Heilung zu erfahren. Ein schwerer Bandscheibenvorfall verursachte unerträgliche Schmerzen, Tag und Nacht. Wochenlange orthopädische Behandlungen, zunächst ambulante, dann klinische in der Charité, schließlich physiotherapeutische in einer Rehabilitationsklinik blieben ohne Erfolg. Mein Lebenswille war fast am Ende, als die Ärzte letztlich nach Monaten zur Operation rieten, dergestalt, zwei Lendenwirbel zu versteifen und eine weiter diagnostizierte Verklemmung der Iliasakralfuge zu beheben.

Verzweifelt suchten wir nach einem anderen Weg. Meine Lebenspartnerin fand ihn – ein fester Glaube an Heilkräfte führte uns schließlich zu Ihnen. Bereits während der ersten Behandlung spürte ich eine unbeschreiblich wohl tuende Wärme und ein angenehmes Kribbeln im Lendenwirbelbereich. Als Sie, Herr Drevermann, nach der zweiten Behandlung Ihren Rosenkranz auf meinem Rücken liegen ließen, war ich fassungslos, die gleiche Wärme und das gleiche Kribbeln zu verspüren.

Die dritte Behandlung machte mich plötzlich zu einem anderen Menschen. Ich konnte erstmals schmerzfrei aufstehen, war nach monatelangen und erfolglosen Behandlungen wieder gesund! Erinnern Sie sich, dass meiner Lebenspartnerin und mir Tränen der Dankbarkeit und Freude in den Augen standen? Auch heute, nach nunmehr über einem Jahr Ihrer Behandlung, habe ich nach wie vor keine Schmerzen.

Helma L. aus Landshut:

Meine Schwester Doris fühlt sich von Schmerzen befreit und rundherum wohl und ausgeglichen.

Mein Schwager Fritz glaubte, befreit von seinem Zahnschmerz und trotz deiner Warnung, sich vorm Zahnarzt

Anhang   Patienten berichten

drücken zu können – prompt nach vier Tagen waren die Zahnschmerzen wieder da, und er drückte dann doch den ungeliebten Zahnarztstuhl. Die Prostatabehandlung bei ihm trug volle Früchte, der ständige Druck ist weg, und nachts schläft er auch fast immer durch.

Und nun zu unserer Schwägerin Gisela. An ihr geschah das eigentliche »Wunder« in meiner Familie. Letzten November wurde ihr der vierte Darmverschluss von den Ärzten prophezeit. In ihrem Namen möchte ich dir ihre Empfindungen schildern.

Montag: Deine Hand bewirkte, als würde ein Dolch den zusammengeklebten Darm mit den Verwachsungen auseinander reißen, kurzzeitig schmerzhaft.

Dienstag: Es war, als hielte man ihr an der Verschluss-Stelle eine Luftpumpe an, die Luft blähe den Darm auf, er begann zu gluckern.

Dann jener Mittwoch, den weder Gisela noch ich vergessen werden: Sie hatte weder Rücken- noch Magenschmerzen mehr, empfand wieder und noch stärker das Aufblasen des Darmes, das Gluckern und Bewegen desselben, wie sie es nach ihren drei Darmoperationen, durch einen Zusatz in der Infusionsflüssigkeit zur ständigen Darmbewegung, verspürt hatte. Als du längst gegangen warst, sprang sie plötzlich aus dem Bett mit der Bemerkung »mich zerreißt es«. Ein Luftschwall nach dem anderen strömte aus ihrem Mund. Es war kein einfaches Aufstoßen. Sie ging hin und her, minutenlang, und ein Luftschwall folgte dem anderen.

Schließlich legte sie sich wieder nieder und schlief sofort ein. Sie fühlte sich nachmittags, nachdem sich der Darm auch nach unten hin langsam entleert hatte, so wohl, dass sie abends das fünfgängige Menü restlos verputzte ... Seither isst sie ganz normal, ist schmerzfrei und sehr dankbar.

Christine H. aus Hilter:

Die Kraft, die Sie mir übergeben haben, brachte vollen Erfolg. Meine psychische Verfassung hat sich deutlich gebessert, und im Gehen bzw. Laufen bin ich sicherer geworden. Bevor ich in Tirol war, hatte ich leichte Sprachstörungen, die jedoch völlig abgeklungen sind. All diese Probleme hatten mich so weit geführt, dass ich keinen Sinn mehr im Leben sah. Aus meinem Blickfeld war alles nur noch negativ. Aber auch diese Einstellung hat sich geändert, und ich fühle mich wohl und ausgeglichen.

Elke W. aus Unterweid/Rhön:

Mir geht es seit den letzten Behandlungen prima. Die Wirkung fing erst richtig an, als ich schon wieder zu Hause war. Meine Rückenschmerzen sind verschwunden und kaum wieder aufgetreten. Ich kann wieder alles im Haushalt machen, was vorher nicht ging. Ich danke dir nochmals ganz herzlich.

Dr. Jürgen R., Vorsitzender Richter am Landgericht Hamburg i.R.:

Es ist fast zwei Jahre her, dass meine Frau und ich bei Ihnen waren und in der Ihnen sehr eigenen Art behandelt wurden. Bei meiner Frau war es das plötzlich aufgetretene doppelte Gesichtsfeld, das natürlich ganz ungemein lästig war. Sie konnte auch nicht mehr Auto fahren. Wir waren vorher bei einem sehr guten Augenarzt, und meine Frau ist im Bundeswehr-Krankenhaus spezial-untersucht worden. Dabei ist festgestellt worden, dass bei einem Sehnerv eine Lähmung eingetreten war, deren Dauer völlig offen war.

Bereits nach der zweiten Behandlung bei Ihnen bewegte sich etwas an dem kranken Auge, besserte sich nach der dritten Behandlung, und nach der vierten Behandlung, während der Heimfahrt nach Hamburg, stellte sich die normale Sehkraft wieder her, die bis heute angehalten hat.

Auch meine Schreibschwäche am rechten Arm, deren Ursache durch mehrere Ärzte (einschließlich Orthopäde und Neurologe) nicht festgestellt werden konnte, war für mehrere Monate wieder in Ordnung und ist zurzeit unterschiedlich, mal gut, mal schlecht.

Allgemein bemerke ich: Sie sind gewiss kein Scharlatan, sondern ein Mensch, der mit natürlichen Heilungskräften begabt ist, deren Ursache noch nicht entschlüsselt ist.

Heinrich H. aus Senden:

Ich hatte längere Zeit ein Prostataleiden, dass ich mit Medikamenten behandelt habe – ohne Erfolg. Nach mehreren Besuchen bei Herrn Drevermann bin ich seit einiger Zeit beschwerdefrei.

Irina W. aus Grevesmühlen:

Als Sebastian und ich Anfang November nach Tirol kamen, da war ich – ehrlich gesagt – voller Zweifel. Nun sind November und Dezember vergangen, Monate, in denen Sebastian immer mehrere Asthmaanfälle hatte, und meinem Sohn geht es besser denn je. Am erstaunlichsten jedoch ist, dass seine Angst, allein zu sein, wie weggeblasen ist. Mit dieser für Asthmatiker typischen Angst hat er jahrelang die Familie verrückt gemacht. Es ging so weit, dass er sich weigerte, allein zur nahen Schule zu gehen. Heute ist das ganze Kind wie umgewandelt – es ist einfach unfassbar!

Karl Eduard H. aus Hagen-Emst:

Genau vor einem Jahr war ich bei Ihnen. Da haben Sie sich der Beschwerden in meinen Knien angenommen. Während ich vorher nur unter Schmerzen die Treppen steigen konnte (wir leben auf zwei Etagen), kann ich bis heute wieder ohne Beschwerden treppauf und treppab die Treppen benutzen und denke dabei jedes Mal dankbar an Sie. Sogar tanzen kann ich wieder zur Freude meiner Frau und mir. Und das mit fast 89 Jahren!

Annerose J. aus Chemnitz:

Es ist mir ein Bedürfnis, Ihnen diesen Brief zu schreiben. Ich möchte mich noch einmal bei Ihnen bedanken, dass ich im Juli zur Behandlung kommen durfte. Sie haben mir sehr geholfen. Ich kann endlich wieder auf meiner linken Seite liegen und habe dabei keine Schmerzen. Auch meine schweren Depressionen sind wie weggeblasen.

Angelika R. aus Zornheim:

Ich bin von Beruf Opernsängerin. Vor sechs Jahren begannen meine Stimmbänder, nach der Übernahme einer dramatischen Rolle, Anzeichen von Funktionsstörungen zu zeigen, die immer schlimmer wurden. Ich habe Universitätsprofessoren in Großstädten Deutschlands sowie eine große Anzahl namhafter Halsärzte und Stimmspezialisten aufgesucht mit dem Resultat, dass jeder etwas anderes meinte gefunden zu haben, keiner jedoch Abhilfe schaffen konnte. Ich muss mir meinen Lebensunterhalt selber verdienen und stand nach fünfeinhalb Jahren vor der Tatsache, dass ich meine Existenzgrundlage, nämlich meine Stimme, verlieren würde. 4 x 4 Sitzungen bzw. Behandlungen bei Ihnen, Herr Drevermann, haben mir meine Stimme, meinen Beruf, den ich 19 Jahre ausübe, ja, ich darf sagen, ein zweites Leben zurückgegeben.

Ursula M. aus Münster:

Ich habe länger als ein Jahr ständige, sehr starke Schmerzen im Knie gehabt und war nur unter ganz erschwerten Umständen in der Lage, z. B. Treppen zu steigen. Länger als ein Jahr haben sowohl mein Hausarzt als auch Fachärzte für Orthopädie die von ihnen eindeutig diagnostizierte Arthrose im Knie behandelt. Ohne bleibenden Erfolg. Das Knie war ständig erheblich geschwollen. Es wurde häufig punktiert.
 Ich habe nach wie vor volles Vertrauen zu meinen Ärzten. Sie waren aber mit ihrer schulmedizinischen Kunst am Ende und sahen in einem chirurgischen Eingriff die letzte Möglichkeit der Hilfe und ggf. der Heilung. Wenige Tage vor meinem Einzug ins Krankenhaus bekam ich einen Termin bei Rolf Drevermann. Er hat mich mit seinen Strahlen behandelt, und ich bin seitdem frei von den Schmerzen im Knie. Ich kann mein Knie jetzt auch stark belasten.

Heinz O. aus Doellnitz-Halle:

Schon seit dem ersten Besuch bei Ihnen hat sich mein Gesundheitszustand gebessert. Ich hielt es nicht für möglich, dass ich nach eineinhalb Jahren Kopf- und Gliederschmerzen jemals wieder schmerzfrei werden könnte. Das allein ist schon Erfolg genug!

Die Überraschung nach dem Besuch bei Ihnen war noch größer, als auch die Einschränkung meines linken Armes fast verschwand. Mir hat man mal gesagt, was nach einem Schlaganfall innerhalb von zwei Jahren nicht zurückkommt, bleibt weg. Ich aber kann jetzt wieder mit Messer und Gabel essen, worauf ich vier Jahre verzichten musste.

Ursula G. aus Maisach-Gernlinden:

Ich kann nur Gott für jeden Tag aufs Neue danken! Ich kam zu Ihnen mit einer halbseitigen spastischen Lähmung, bedingt durch einen Geburtsfehler. Dieses war für jedermann zu sehen, ich wurde sogar von fremden Leuten auf der Straße angesprochen.

Inzwischen gehe ich wie jeder gesunde Mensch, lediglich meine linken Zehen lassen sich noch nicht so einwandfrei bewegen wie am rechten Fuß. Die Feinmotorik meiner linken Hand hat sich entschieden verbessert. Bevor ich zu Ihnen kam, hatte ich so gut wie keine Kraft in der Hand, jetzt kann ich damit bereits ein Auto ohne Servolenkung einhändig steuern. Meine Hand kann ich bedeutend weiter drehen, als dies der Fall war, bevor ich Sie kennen lernte.

Im Fuß und in den Knien hatte ich Arthrose. Seit dem ersten Besuch bei Ihnen habe ich keine Schmerzen mehr verspürt.

Seit der Geburt meines zweiten Kindes litt ich immer wieder darunter, dass mir der rechte Arm einschlief, besonders in der Nacht, dann wurde ich von heftigen Schmerzen wach. Dieses ist seit dem zweiten Besuch bei Ihnen nicht mehr der Fall. Nach dem dritten Besuch bei Ihnen stellte ich erfreut fest, dass sich mein Augenlicht sehr verbessert hat. Seit sicherlich fünf Jahren habe ich keinen Faden mehr einfädeln können, ich wollte mir schon eine Brille besorgen. Das ist jetzt nicht mehr nötig.

Wolfgang K. aus Wiesbaden:

Sehr geehrter Herr Drevermann, ich schreibe Ihnen erst heute, da ich die Untersuchung beim Urologen abwarten wollte. Da der Arzt in Urlaub war, konnte sie erst sehr viel später stattfinden. Er sagte: »Ihre Prostata ist ganz weich und klein. Sie ist zwar etwas vergrößert, aber das ist ganz natürlich und entspricht Ihrem Alter, und das Karzinom, das Sie gehabt haben, ist jetzt ganz verschwunden.« Etwa 14 Tage später wurden Röntgenaufnahmen und ein Blutbild gemacht. Ergebnis: Alle Werte sind erheblich besser als bei der letzten Untersuchung. Von einer Bestrahlung ist überhaupt keine Rede mehr.

Elisabeth K. aus Lüneburg:

Ich kann es immer noch nicht fassen. Es ist ein großes Wunder geschehen. Eigentlich hoffte ich nur, meine großen Schulter-Arm-Schmerzen bei Ihnen lassen zu können, um überhaupt mal wieder nachts schlafen zu können. Nach fast dreißig ärztlichen Behandlungen wurden die Schmerzen nur noch schlimmer. Seit dem zweiten Tag unter Ihren begnadeten Händen (diese Wärme, dieses Kribbeln in Händen und Füßen, ja im ganzen Körper) bin ich ein »neuer« Mensch geworden. Ich kann es nicht begreifen, solch ein Glück muss man erlebt haben!

Die Nieren arbeiten wieder, ohne Schwierigkeiten kann ich täglich genügend Flüssigkeit zu mir nehmen. Keine geschwollenen Füße, Finger und dicke Augenränder mehr. Die Blasenentzündung ist geheilt. Der Stoffwechsel funktioniert wieder. Ich bin unendlich dankbar, dass ich Ihre heilenden Kräfte (Energien) spüren durfte.

Christa M. aus Detmold:

Am 5. Januar 1981 traf mich ein schwerer Schlaganfall, wodurch ich halbseitig gelähmt bin. Nachdem ich verschiedene Ärzte – Neurologen, Internisten, Allgemeinmediziner und Heilpraktiker – ohne Erfolg aufgesucht hatte, erzählte mir meine Cousine, dass sie bei Herrn Drevermann gewesen sei, da sie unter starken Kopfschmerzen gelitten habe und ihre Leberwerte außerordentlich schlecht gewesen seien, die jetzt aber wieder einwandfrei wären, und auch die Ärzte (auch sie besuchte Heilpraktiker) stünden vor einem Rätsel …

Als ich meinen ersten Besuch bei Ihnen, Herr Drevermann, gemacht hatte, war ich sogar in der Lage, von Ihrer Wohnung aus ohne Beschwerden zum großen Parkplatz in den Ort zu gehen. Am darauf folgenden Tag sind wir in den Urlaub gefahren. Ich war in der Lage, eine Strecke von 150 Kilometer zu bewältigen und konnte sogar in meinem Urlaubsort noch einkaufen gehen, was früher für mich nicht selbstverständlich war.

Dieselbe Christa M. ein Jahr später:

Seit Mitte Mai hatte ich einen entzündeten Zeh, so dass es mir nicht möglich war, ohne starke Schmerzen zu laufen. Ich hatte schon alles versucht, war beim Arzt, beim Heilpraktiker, habe Akupunktur usw. machen lassen. Aber alles ohne Erfolg. Auch neue Turnschuhe brachten keine Linderung. Erst nachdem ich bei Ihnen war, sind die Schmerzen weg. Tausend Dank!

Ingrid L. aus Dessau:

Nun sind inzwischen schon zwei Monate vergangen, und ich bin seit Ihrer Behandlung immer noch beschwerdefrei. Was vielen Fachärzten und noch mehr Medikamenten in rund zweieinhalb Jahren nicht gelang, haben Sie mit der Kraft Ihrer Hände und Ihrem Glauben vollbracht. Mein Zustand war so belastend, dass ich zeitweilig aufgeben wollte; heute fühle ich mich wieder wohl und habe Freude am Leben.

Dirk G. aus Warendorf:

Ich bin 16 und seit meiner Geburt körperbehindert. Viele Ärzte versuchten mir zu helfen. Keiner konnte mir bis jetzt meine Schmerzen nehmen – kein Arzt, kein Orthopäde. Ich leide unter starken Schmerzen in der Hüftgegend und im Rücken. Auch das Laufen bereitet mir große Schwierigkeiten. Es ist schlimm, permanent Schmerzen zu haben. Der Erste, der mir die Schmerzen nehmen konnte, waren Sie, Herr Drevermann. Als ich Sie vor zwei Jahren kennen lernte, hatte ich nach der Behandlung keine Schmerzen mehr. So ist es bis heute geblieben. Meine Schmerzen sind weg!

Vor drei Jahren sagte man mir, dass ich operiert werden müsse, da mein Hüftknochen aus der Hüftschale schwindet. Seit ich bei Ihnen in Behandlung bin, ist der Knochen schon ein großes Stück wieder eingewachsen.

Sonja K. aus Malente:

Immer dachte ich, der bohrende Kopfschmerz, der mich fünf Jahre lang beherrschte, kommt wieder, das kann nicht sein, dass der Schmerz vorbei ist. Im Januar kam ich zu Ihnen in die Behandlung. Was Sie nicht wussten, war, dass ich mit ausgesprochen starken Kopfschmerz zu Ihnen kam. Ich erlebte jedoch schon nach etwa fünf Minuten einen starken Rückgang der Schmerzen, fühlte mich im Kopf ganz »frei«. Ich kannte es schon nicht mehr, ohne Schmerzen zu sein. Nach der Behandlung war ich sehr müde, und nach der zweiten Behandlung bei Ihnen war ich schmerzfrei, so richtig schmerzfrei. Es reicht fast nicht, nur Dank zu sagen.

Gottfried T. aus München:

Ich habe seit fünf Jahren sehr große Probleme mit meinen Zähnen (Oberkiefer links) und hatte in der Zwischenzeit schon drei schwere Kieferoperationen. Ohne Erfolg. Ich versuchte es bei drei Professoren und Zahnärzten sowie bei verschiedenen Heilpraktikern. Je nach Operation war es zwei bis drei Monate etwas leichter, die Schmerzen zu ertragen, aber dann war es immer wieder dasselbe, nur Tabletten, sehr starke Medikamente, drei- bis viermal täglich. Im Juni war ich bei Ihnen, Herr Drevermann, bekam um zwölf Uhr eine Behandlung – und am Abend desselben Tages war ich schmerzfrei. Ich nahm noch drei Behandlungen – und seither habe ich keine Beschwerden, brauche keine Tabletten mehr, bin mein Leiden los. Ich möchte mich bei Ihnen sehr bedanken.

Hans-Joachim L. aus Riesa:

Ich war im August bei Ihnen in Behandlung wegen meines Rückenleidens, das ich seit etwa 13 Jahren mit mir rumgeschleppt habe. Keine Therapie, keine Kur, weder Ärzte noch Krankenhäuser konnten mir helfen. Erst durch Sie, Herr Drevermann, bin ich im Rücken – so kann ich ohne Übertreibung sagen – völlig schmerzfrei. Ich wollte es vorher nicht glauben, dass es so etwas gibt. Aber ich bin eines Besseren belehrt worden.

Hilde H. aus Drochtersen:

Und wieder ist ein Wunder geschehen! Dreißig Jahre Rückenschmerzen. Immer mehr, immer schlimmer. Zuletzt nur noch Cortison. Eines Tages sagte ich meinem Hausarzt, es geht nicht mehr. Ein Bein total taub, das zweite von Fuß an halb. Zur Tomographie. Doppelter Bandscheibenvorfall. Klinik-Professor St. bei Bremerhaven. Drei Wochen Krankenhaus. Vier Wochen Reha. Anfangs durfte ich nicht sitzen. Im Stehen essen. Als die Zeit kam, dass ich wieder sitzen durfte, musste ich feststellen, dass ich das gar nicht mehr konnte. Bei dem Versuch, mich hinzusetzen, bekam ich Höllenschmerzen. Erneut Tomographie. Nun drückte das

Narbengewebe auf die Nerven. Der Professor lehnte eine zweite Operation ab. Ich konnte nur noch liegen oder gehen. Ein Mensch auf dem Abstellgleis ...
Unter großen Schmerzen schaffte ich es zu Ihnen. Nach fünf Behandlungen kamen wir auf der Rückfahrt in einen großen Stau. Das dauerte Stunden. Musst du gar nicht aufstehen? fragte mein Mann. Nein! Ich kann sitzen! Dieses Wunder verdanke ich Ihnen, lieber Herr Drevermann!

Waltraud Sch. aus Nettetal:

Im Jahre 1986 klagte mein damals 18-jähriger Sohn plötzlich aus unerklärlichen Gründen – es lagen keinerlei Verletzungen vor – über starke Schmerzen im linken Knie. Nach längerer ambulanter Behandlung im Krankenhaus in Lobberich stellte sich jedoch keine Besserung ein, so dass im September 1986 erstmals eine Arthroskopie am Knie vorgenommen wurde. Daraufhin war mein Sohn längere Zeit beschwerdefrei, aber plötzlich traten vereinzelt wieder Schmerzen auf, die sich im Laufe der Zeit verstärkten und auch immer häufiger auftraten, trotz ambulanter Behandlung (Spritzen, Massagen, Gymnastik etc.), so dass im September 1987 eine zweite Arthroskopie erforderlich wurde. Leider brachte auch diese zweite Kniespiegelung nicht den gewünschten Erfolg.

Im Oktober 1988 dritte Kniespiegelung. Um nichts unversucht zu lassen, suchten wir Hilfe und Rat in den Krankenhäusern Neuwerk, Mönchengladbach, Krankenhaus für Sportverletzte Lüdenscheid-Hellersen, Berufsgen. Unfallklinik Duisburg-Buchholz.

Im August 1989 trat mein Sohn einen vierwöchigen Kuraufenthalt an in der Klinik Birkenthal in Bad Wildungen.

Wir waren voller Zuversicht und Hoffnung. Nach der Behandlung in der Klinik Birkenthal waren die Schmerzen stärker als vor der Heilbehandlung.

Anfang 1990 las ich über Sie, Herr Drevermann. Schon nach der ersten Behandlung verspürte mein Sohn große Linderung. Nach drei weiteren Behandlungen war er schmerzfrei, und er ist es bis zum heutigen Tage.

Nur derjenige, der eine solche Odyssee hinter sich hat, kann ermessen, was es bedeutet, keine Schmerzen mehr zu haben. Wir – und auch mein Sohn – sind der festen Überzeugung, dass nur Sie, Herr Drevermann, meinem Sohn geholfen haben und ihn wieder zu einem glücklichen Menschen gemacht haben.

Regina und Heinrich B. aus Osnabrück:

Mein Mann hatte mehrere Schlaganfälle, war danach rechtsseitig gelähmt und konnte nicht mehr sprechen. Herr Drevermann hat es geschafft, dass mein Mann wieder allein laufen kann. Ebenso sind die Depressionen fast verschwunden. Mein Mann zeigt wieder mehr Interesse am Geschehen. Das war vorher überhaupt nicht der Fall. Bei mir hat Herr Drevermann die Schmerzen im Hinterkopf beseitigt. Die Spritzen beim Arzt hatten nicht geholfen.

Antonius H. aus Cloppenburg:

Seit 1980 leide ich an asthmatischen Anfällen. Ich habe während dieser Zeit mehrere Ärzte konsultiert. Unter anderem bin ich von Fachärzten zur Untersuchung in folgende Kliniken eingewiesen worden: 1. St. Josef Hospital Cloppenburg, 2. Oststadt Krankenhaus Hannover, 3. Klinik Bergmannsheil Bochum, 4. mehrere stationäre Behandlungen im St. Josef Hospital Cloppenburg.

Zusätzlich musste ich in dieser Zeit fast wöchentlich mehrere Ärzte (in Notfällen) konsultieren. Hierbei wurden mir in der Regel Cortisonspritzen verabreicht. Zusätzlich habe ich in dieser Zeit in Eigeninitiative Heilpraktiker, Akupunkteure, Fachleute für Eigenblutbehandlungen usw. konsultiert – und fand keine Linderung.

Im Januar und Februar habe ich mich vertrauensvoll an Herrn Drevermann gewandt. Nachdem ich ihn im Abstand von fünf bis sechs Wochen besucht hatte, bin ich beschwerdefrei. Ich muss keinen Arzt mehr konsultieren und keine Medikamente mehr einnehmen.

Gisela M. aus Lippstadt:

Es ist mir ein echtes Herzensbedürfnis, Ihnen noch einmal schriftlich meinen tief empfundenen Dank auszusprechen für die einmalige Hilfe, die ich bei Ihnen empfangen durfte. Seit 1985/86 hatte ich unter schweren Schmerzen zu leiden. Damals erlitt ich bei einem Unfall einen komplizierten Trümmerbruch meines linken Sprunggelenks. Gottlob wurde das Gelenk durch eine schwierige Operation wieder bewegungsfähig, aber ich konnte nur mit Schmerzen laufen. 1990 hatte ich einen weiteren schweren Unfall. Ein Oberschenkelhalsbruch links lag so unglücklich, dass mir ein künstliches Hüftgelenk eingesetzt werden musste. Außerdem war der linke Arm gebrochen. Seitdem hatte ich ständige Schmerzen zu ertragen, im Liegen, Sitzen oder Stehen, und mittlerweile sechs große Narben an dem linken Bein. Es war im Ganzen sehr schlecht durchblutet und immer kalt.

Seit über zwei Wochen bin ich jetzt durch Ihre Hilfe, Herr Drevermann, bis auf ein Minimum schmerzfrei und genieße dankbar jede Stunde ohne Schmerzen. Was ich nicht mehr für möglich gehalten hatte zu erleben, ist mir durch Sie zuteil geworden. Das Bein und der Fuß sind jetzt auch warm, also besser durchblutet, meine ewig kalten Hände sind warm, die ganze linke Körperhälfte ist deutlich gebessert und fast schmerzfrei. Meine schweren Depressionen lockern etwas auf – auch das ist eine große Wohltat.

Norbert W. aus Warendorf:

Mit diesem kleinen Brief möchte ich mich bei Ihnen sehr herzlich dafür bedanken, dass ich mich seit ein paar Wochen wieder schmerzfrei bewegen und laufen kann. Das habe ich nur Ihnen zu verdanken. Bevor ich Sie aufsuchte, war ich schon bei mehreren Ärzten. Im Mai 1991 wurde ich sogar am Sprunggelenk operiert. Die Operation und die vielen Spritzen, die ich noch wochenlang danach bekam, brachten keine Besserung. Durch Ihre Tat, Herr Drevermann, haben Sie mir das schönste Weihnachtsgeschenk gemacht.

Elke v. d. V. aus Belm-Wehrte:

Unsere Tochter litt seit dem Kleinkindalter unter einer erschlafften Blasenmuskulatur. Die Ärzte waren machtlos und konnten ihr lediglich Tabletten verschreiben, die ihr bei der Blasenentleerung helfen sollten. Deren Wirkung war jedoch nur minimal, so dass durch den verbleibenden Restharn ständig Blasenentzündungen entstanden, die wiederum mit Antibiotika behandelt werden mussten. So ging es fast zehn Jahre lang, ohne Hoffnung auf Besserung.

Ich gebe zu, dass ich an der Heilkraft des Herrn Drevermann gezweifelt habe, aber dennoch mit unserer Tochter hinfuhr – als letzten Versuch. Durch anschließende Ultraschalluntersuchungen sowie Messung des Blasendrucks bei einem Arzt stellte sich jedoch heraus, dass durch die Behandlung bei Herrn Drevermann der Blasenmuskel wieder voll funktionsfähig war. Zuerst konnten wir es kaum fassen, doch der gesunde Zustand der Blase hat angehalten.

Dadurch natürlich begeistert und motiviert, habe ich meinen Vater, der seit vielen Jahren unter schlimmen Schulterarmschmerzen leidet, dazu überredet, doch auch einen Versuch bei Herrn Drevermann zu unternehmen. Er war nicht davon überzeugt, dass ihm geholfen werden könne. Doch nach drei Behandlungen sind seine Schmerzen um ein Vielfaches gewichen.

Ingeburg P. aus Hasbergen:

Sie haben mir mit Ihrer Anwendung sehr geholfen. Die Schmerzen, die ich bis unter die Schädeldecke hatte, sind weg. Ich kann auch wieder viel besser laufen und auch wieder die Treppe vorwärts hinuntergehen, was mir schon Jahre nicht mehr möglich war. Der Herrgott möge Sie beschützen, damit Sie noch vielen Menschen helfen können.

Mia L. aus Münster:

Seit Jahren litt ich an Magen- und Rückenschmerzen. Nachdem ich bei Ihnen in Behandlung war, sind diese Schmerzen nicht mehr vorhanden. Dafür möchte ich mich herzlich bedanken.

Johanna Sch. aus Warendorf:

Ich bin wegen einer Gelenkentzündung in beiden Armen lange bei verschiedenen Ärzten in Behandlung gewesen. Als alles nicht half, bin ich zu Herrn Drevermann gegangen. Nach mehreren Besuchen bei ihm bin ich jetzt völlig schmerzfrei.

Annegret B. aus Tutzlingen:

Ich litt sehr an Migräne, die durch Herrn Drevermann deutlich gebessert wurde. Nach vielen Jahren medizinischer Erfolglosigkeit (u. a. mehrere Krankenhausaufenthalte) war dies die erste wirkliche Hilfe.

Rüdiger J. aus Hoetmar:

Unser Sohn leidet seit der Geburt (1986) an Neurodermitis. Trotz wiederholter Behandlung beim Kinderarzt konnte keine Besserung festgestellt werden. Schließlich waren wir mit Christoph bei Herrn Drevermann. Schon nach der zweiten Behandlung war eine Besserung zu sehen, und nach der sechsten bis siebten Behandlung konnten wir von weiteren Besuchen bei Herrn Drevermann absehen. Christoph ist beschwerdefrei; die Neurodermitis ist bisher nicht wiedergekommen.

Gerd F. aus Essen:

Im Frühjahr 1989 stellte meine Augenärztin Grünen Star bei mir fest. Jeden Tag mußte ich Pilocarpol-Augentropfen nehmen. Dann las ich durch Zufall von Herrn Drevermann. Ich bemühte mich um einen Termin, den ich bekam. Zwei weitere folgten. Danach war meine Behandlung abgeschlossen. Meine Augenärztin kontrollierte noch oftmals den Augendruck – der Grüne Star ist völlig geheilt.

Lona J. aus Espenhain:

Ich bin zehn Jahre lang mit Schmerzen in Brust und Rücken zum Arzt gelaufen – immer ohne Erfolg. Es half nichts bei mir. Er gab hin und wieder eine Spritze und Schmerzzäpfchen, aber das half auch nur für wenige Stunden. Dann sagte man mir, dass ich mich damit abfinden müsse.
Ich war bei Herrn Drevermann, fünf Tage lang. Und kann sagen, dass ich froh bin, bei ihm gewesen zu sein. Denn ich habe keine Schmerzen mehr. Es ist ein wunderbares Gefühl, wenn man sich wieder wie ein Mensch bewegen kann und keine Schmerzmittel mehr braucht.

Erika G. aus Lübeck:

Ich kam vor zwei Jahren zu Ihnen. Ich hatte zwischen Kinn und Hals einen Knoten (Ei) mit großen Schmerzen. Nach einigen Behandlungen bei Ihnen habe ich keine Schmerzen mehr. Das verdanke ich nur Ihnen, Herr Drevermann.

Josef B. aus Telgte:

Ich leide seit Juli 1959 an Gelenkrheuma, habe versteifte Hüften und starke Schmerzen in den Gelenken. Die ganzen

Jahre ging es einigermaßen, so dass ich meine Arbeit als Dreher ausüben konnte. Jedoch in den letzten drei, vier Jahren brach das Rheuma erneut aus. Ich habe viele Spritzen bekommen und jede Menge Medikamente. Alles half eine Zeit lang, dann kamen die Schmerzen wieder.

Als ich von Herrn Drevermann hörte, habe ich ihm geschrieben. Nach mehreren Behandlungen spürte ich, dass die Schmerzen nachließen. Herr Drevermann sagte mir, dass er mir die steife Hüfte nicht nehmen könne, aber ich habe heute keine Schmerzen mehr. Ein schöner Erfolg!

Erika K. aus Ehlscheid:

Seit 25 Jahren leide ich an einem schweren Bandscheibenschaden. Meine Schmerzen waren oft so schlimm, dass ich weder liegen noch sitzen konnte. Auch bei der Anreise nach Warendorf ging es mir so schlecht, dass ich die Beine kaum aus dem Auto herausbrachte.

Nach der ersten Behandlung durch Herrn Drevermann ging es mir etwas besser, nach der zweiten noch besser, und nach der dritten waren die Schmerzen fast weg. Mein Mann und ich wunderten uns selbst, dass ich sogar wieder in der Lage war, meinen Garten zu richten. Auch mein Arzt wundert sich, dass ich in einem so guten Zustand bin.

Elisabeth K. aus Sarstedt:

Ich leide infolge angeborener Bindegewebsschwäche seit Jahrzehnten an Abnutzungserscheinungen der Wirbelsäule (HWS/LWS-Syndrom), Gelenk- und Muskelrheuma, Venenleiden u.a.m. Die gängigen Therapien der Ärzte (Massagen, Bestrahlungen, starke schmerzstillende Medikamente) haben mich, wenn überhaupt, nur kurzfristig von meinen Beschwerden befreit. Im Gegenteil: Die starken Schmerzmittel hatten so schwer wiegende Nebenwirkungen (Herz– und Darmschmerzen, Kopfschmerzen, Beinödeme), dass ich fast nur noch die Hilfe eines Heilpraktikers in Anspruch nehme, so weit ich mir das finanziell leisten kann.

Wegen der ungünstigen Umstände – ich bin gehbehindert, habe eine kostspielige umständliche Bahnverbindung – habe ich mich nur einmal an Herrn Drevermann gewandt. Mit einem guten Teilerfolg: Ich schilderte Herrn Drevermann meine starken Schmerzen, insbesondere in der Halswirbelsäule. Ohne Berührung befreite er mich spontan von den Schmerzen, dieser Zustand hielt etwa ein halbes Jahr an.

Günter und Elke St. aus Hameln:

Unsere Tochter Imke litt an einer sehr ernsten Darmentzündung (Colitis ulcerosa) und wurde um die Jahreswende 1989/90 mit einem akuten Schub stationär in einem Hamelner Krankenhaus behandelt. Sie wurde nach einigen Wochen als bedingt geheilt entlassen, allerdings mit der Aussicht, dass jederzeit ein Rückfall eintreten könne. Ihr Zustand war für uns alle sehr belastend, weil er auch noch instabil war und sie sehr starke Medikamente (Cortison/Claversal usw.) nehmen musste.

Es gelang uns, einen Behandlungstermin bei Herrn Drevermann zu bekommen. Imke wurde gut eine Woche lang behandelt. Ihr Zustand hat sich danach erheblich gebessert und stabilisiert. Sie lebt seither ohne Beschwerden und Medikamente, sie kann sich fast normal ernähren und hat noch keinen Rückfall gehabt.

Anhang Patienten berichten

Siegfried K. aus Münster:

Ich wurde wegen meiner Krankheit von der Schulmedizin aufgegeben.
Im Jahre 1962 hatte ich einen Motorradunfall mit Plexusläsion linksseitig. Seit diesem Tage quälen mich kontinuierliche Schmerzen im Bereich der linken Hand mit ausgeprägter Intensität in den Fingern 3 bis 5.
1970 und 1971 unterzog ich mich stereotaktischen Operationen sowie der Implantation eines DCS-Gerätes im Februar 1973. Im Jahre 1977 wurde mir dann ein Hirnstimulator implantiert. Alle diese Eingriffe brachten keine Linderung der Beschwerden.
Am 7. Juli 1978 erlitt ich eine Radiusfraktur und eine Fraktur der Metacarpale I bis IV linksseitig. Am 31. August 1978 wurde dann eine Oberarmstumpfamputation linksseitig durchgeführt. Eine Stumpfrevision mit Freilegung des Nervenbündels und Abkürzung sowie End- zu End-Anostomisierung am 20. Juni 1987 brachten ebenfalls keine Besserung.
Ich habe seit dem Unfall einen kaum noch durch Medikamente zu dämpfenden Dauerschmerz, der von bis zu stundenlang anhaltenden intensiven Schmerzattacken in Form von Brennen und Stechen unterbrochen wird.
Meinen Beruf musste ich wegen dieser Krankheit schon aufgeben. Sie können sich nicht vorstellen, was es heißt, dreißig Jahre lang, Tag und Nacht, mit Schmerzen leben zu müssen.
Vor ungefähr zwei Jahren hörte ich von Herrn Drevermann und meldete mich bei ihm. Er versuchte mir zu helfen. Nach einem Vierteljahr täglicher Sitzungen stellten sich die ersten Erfolge ein, und seitdem bin ich nach jeder Sitzung stundenlang schmerzfrei.

Anhang **Patienten berichten**

Andreas I. aus Mantinghausen:

Obwohl ich zig-mal am Kiefer operiert wurde (Wurzelspitzen aus Kiefer geholt, Entzündungen im Gewebe weggeschnitten etc.), hatte ich jahrelang unter sehr starken, quälenden Schmerzen zu leiden. Die verschiedensten Arztbesuche haben überhaupt nichts gebracht. Mir wurden ca. 40 bis 50 – die genaue Zahl weiß ich schon gar nicht mehr – Spritzen ins Gesicht gegeben, zahlreiche Medikamente verabreicht und sonstige Behandlungen verordnet, alles ohne Erfolg. Die starken Schmerzen blieben, alle Arztbesuche hatten nichts bewirkt. 1989 stellte ein Arzt eine Trigeminusneuralgie in der rechten Gesichtshälfte fest. Von morgens bis abends hatte ich nur noch Schmerzen, besonders stark bei Wetterumschwung. Seit ich bei Rolf Drevermann in Behandlung war, geht es mir besser. Schon nach einigen Behandlungen wurden die Schmerzen im Kiefer immer geringer, und heute sind sie ganz weg.

Irmgard R. aus Plettenberg:

Lieber Herr Drevermann, ein mittlerweile wieder fröhlicher Mensch möchte Ihnen heute gerne Dank sagen. Das, was ich wirklich empfinde, kann ich kaum in Worte fassen.

Sie haben mich bei den ersten Behandlungen ja gesehen. Ich war nur noch ein tomatenrotes, geschwollenes Monster. Nach einem knapp zweieinhalb Jahre dauernden Martyrium las ich durch Zufall einen Bericht über Sie. Bis dahin hatte ich keine Ahnung von Ihrer Existenz. Heute kann ich nur sagen: leider.

Mein Leidensweg begann mit einer akuten Allergie. Da alle ausprobierten Anti-Allergika nicht anschlugen, wurde ich als lebensbedrohlicher Fall in eine Fachabteilung eingewiesen und wie üblich mit Cortison voll gestopft. Es wurde dann auch etwas besser. Dann setzte man das Cortison abrupt ab, um Tests durchzuführen. Die Folge: in der nächsten Nacht ein sechsstündiger Asthmaanfall.

Nun kam ich auf die Innere mit weiteren Cortisonbehandlungen. Ohne dieses Mittel lief rein gar nichts mehr. Auf mein Drängen hin bin ich dann entlassen worden. Nach kürzester Zeit landete ich wieder als Notfall im Krankenhaus. Nach einigen Wochen dann mal wieder nach Hause. Die Sauerstoff-Flasche immer bereit. Jeden Tag an den Tropf, das war schon normal.

Da dieses aber kein Dauerzustand sein konnte, wurde ich jetzt in ein Asthma-Fachkrankenhaus eingeliefert. Die Cortisondosen wurden abermals erhöht, obwohl ich schon total aufgedunsen war. Nach neun Wochen wurde ich als nicht geheilt entlassen, da man befürchtete, ich würde aus dem Fenster springen.

Da wir mitten im Grünen wohnen, dazu in einem umgebauten Bauernhaus, vermutete man jetzt hier etwas. Im Nachhinein kann ich nur noch darüber lächeln. Bedingt durch die vielen Medikamente hatte ich jetzt noch eine Licht- und Sonnenallergie bekommen.

Die Folge: Ich durfte mich nur noch in abgedunkelten Räumen aufhalten. Die nächste Klinik war vorprogrammiert, und so landete ich auf Norderney. Die Insel sah ich nur von meinem Zimmer aus. Nach acht Wochen fuhr ich abermals als nicht heilbar nach Hause. In der Klinik hatte man eine neue Allergie entdeckt. Von nun an durfte ich kaum noch etwas essen. Zu Hause ging die Tortur weiter. Jetzt entzündeten sich auch noch die Beine. Mein Hausarzt warf erneut das Handtuch und wies mich in eine Klinik ein. Nach neun Wochen erklärte mir der Professor, alle Möglichkeiten seien ausgeschöpft, ich solle zusehen, wie ich damit leben könne.

Dieses liest sich vielleicht ganz einfach, in Wirklichkeit war es die Hölle auf Erden. Mein christlicher Glaube und der Zuspruch meiner Familie haben mich letztlich von einem Selbstmord abgehalten. Daher kann ich nur immer wieder sagen: Danke! Danke!

Maria P. aus Neckarrems:

Ich möchte mich hiermit bedanken und Ihnen mitteilen, dass die Sehnenzerrung (in beiden Beinen und Handgelenken), die ich mir durch schwere Arbeit beim Bauern zugezogen habe, ganz geheilt ist.

Mein Hausarzt hatte mir gesagt, ich würde die Schmerzen nie ganz verlieren. Und nun habe ich also seit einem halben Jahr (ich war zweimal eine Woche in Warendorf) keine Schmerzen, kann meine Hausarbeiten wieder ohne Schmerzen erledigen.

Desgleichen will ich noch bezeugen, dass meine Kreislaufstörungen, die Sie auch behandelt haben, seither ganz weg sind, auch habe ich keine Kopfschmerzen mehr.

Lucie W. aus Stockelsdorf:

Ich litt seit über einem Jahr an einer unerklärlichen Hautkrankheit im Bereich beider Augen, hatte starke Rötungen und lästiges, oft unerklärliches Jucken, auch auf den Augenlidern, zwei- bis dreimal in der Woche schälte sich die Haut ab. Während dieser Zeit suchte ich drei Fachärzte für Hautkrankheiten auf. Von zwei Ärzten wurden Allergietests durchgeführt: ohne Ergebnis. Die mir verordneten Salben zeigten wenig Wirkung, und dies auch nur zeitweilig. Die Ärzte konnten mir nicht sagen, um was für eine Krankheit es sich handle. Sie tippten auf Neurodermitis.

Nach Teilnahme an Behandlungen durch Herrn Drevermann ist eine wesentliche Besserung eingetreten. Die Haut pellt nicht mehr ab. Das lästige Jucken ist verschwunden. Nur gelegentlich treten noch leichte Rötungen in den Augenwinkeln auf. Ich bin Herrn Drevermann zu großem Dank verpflichtet.

Jürgen R. aus Neuss:

Ich habe seit 1984 an diversen Gesichtsschmerzen gelitten. Organisch waren diese Beschwerden unerklärlich, sodass für diese neuralgische Symptomatik psychogene Ursachen angenommen wurden. Ich habe fünf verschiedene Ärzte aufgesucht, die mir keine Linderung dieser Schmerzen bringen konnten. Bei der Behandlung durch Herrn Drevermann war eine wohltuende Wärme zu empfinden. In Bezug auf die Symptomatik wurde dann eine wesentliche Linderung der Beschwerden erreicht – ein Ergebnis nach 5 x 30 Minuten!

Heinz K. aus Hagen:

Meine Frau wurde seit über dreißig Jahren ohne Erfolg von vielen namhaften Ärzten und Heilpraktikern aus dem In- und Ausland behandelt. Ohne Erfolg. Ihre Herzrhythmusstörungen, ihre Trigeminusbeschwerden, besonders ihre jahrelangen Depressionen, außerdem die langwierigen Beschwerden im Magen- und Darmbereich, im Besonderen der Galle und Bauchspeicheldrüse. Erst Herr Drevermann hat sie mit vollem Erfolg behandelt. Auch meine Beschwerden im Bereich des Lendenwirbels konnten durch mehrfache Behandlung gelindert, teilweise sogar vollkommen beseitigt werden.

Karin Sch.-H. aus Warendorf:

Ich brachte meinen Vater – nach einigen erfolglosen Krankenhausaufenthalten und Behandlungen mit zahllosen Medikamenten – wegen sehr starker Durchblutungsstörungen zu Herrn Drevermann. Nach dessen Behandlung ist mein Vater, nun schon seit Monaten, endlich wieder schmerzfrei, er kann auch wieder laufen und durchschlafen.

Ida W. aus Warendorf:

Ich wurde von meinen Schmerzen in beiden Oberarmen befreit. Seit über sechs Jahren war ich in der Bewegung sehr eingeschränkt. Meinen Beruf als Verwaltungsangestellte konnte ich zwar noch ausüben. Aber sobald ich meine Hausarbeit – z. B. Fensterputzen, Wäsche aufhängen, also Arbeiten mit Hochheben der Arme – machen musste, war ich oftmals verzweifelt.

Aufgrund andauernder Beschwerden habe ich einen Facharzt für Orthopädie aufgesucht und bekam Spritzen, Tabletten, Bestrahlungen und Krankengymnastik verordnet. Auch bei wiederholten Besuchen bei einem Heilpraktiker stellte sich außer saftigen Rechnungen keine Besserung ein. Somit hatte ich mich schon fast in das Unabänderliche gefügt.

Dann kam Herr Drevermann. Nach ein paar Behandlungen war ich schmerzfrei und bin jeden Morgen glücklich über meine neue Lebensqualität. Ich habe mit vielen schwer kranken Menschen gesprochen, denen Herr Drevermann helfen konnte und somit das schmerzhafte Leben erleichtert hat. Es gibt und gab immer Dinge zwischen Himmel und Erde, die nicht zu erklären sind. Ich gebe zu, auch ich habe zunächst gezweifelt, aber der bis heute anhaltende Erfolg hat mich eines Besseren belehrt.

Inge B. aus Hess.-Oldendorf:

Bevor ich zu Herrn Drevermann kam, litt ich monatelang unter unerträglichen Schmerzen infolge eines Bandscheibenschadens. Jede Bewegung war eine Qual. Viele Nächte verbrachte ich teils auf einem Stuhl, teils im Sessel, weil ich im Bett wegen der wahnsinnigen Schmerzen nicht liegen konnte. In dieser Zeit bekam ich unzählige Spritzen sowie Medikamente, wodurch leider keine Besserung eintrat. Körperlich und seelisch war ich total am Ende. Am dritten Behandlungstag bei Herrn Drevermann spürte ich schon Linderung. Inzwischen ist es ihm gelungen, mir meine Schmerzen zu nehmen und mich auch seelisch wieder aufzurichten. Dafür bin ich ihm zu größtem Dank verpflichtet.

Alfred H. aus Mühlacker:

Ich bin seit vielen Jahren zuckerkrank. In den Jahren 1983 bis 1988 war ich wegen einer Netzhautablösung in Behandlung von Prof. G. in München. Ergebnis: linkes Auge blind, rechtes Auge nur noch 30 Prozent Sehkraft, Kosten: insgesamt 30 000 DM.

Nach dieser erfolglosen Behandlung stellten sich bei mir schwere Depressionen ein. Außerdem litt ich an starken Schmerzen an der Wirbelsäule, ebenso an einer Neurodermitis. Deshalb begab ich mich in Behandlung von Dr. med. B., Nervenarzt und Psychotherapeut in Bad Dürrheim. Ergebnis: psychisch und körperlich völlig am Ende. Arzthonorar: 2773,85 DM, Krankenhaus: 6553,07 DM.

Nach meiner Entlassung aus dem Krankenhaus in Bad Dürrheim war ich bis März diesen Jahres bettlägerig. Die Depressionen waren stärker als vor der Behandlung.

In diesem Zustand wandte ich mich an Herrn Drevermann. Dieser Mann befreite mich ohne Verwendung von Pillen und Geräten von meinen Depressionen und Schmerzen, so dass ich mich endlich wieder als Mensch fühle.

Fam. B. aus Orlinghausen:

Am 15. April 1989 wurde unser Sohn geboren. Nach kurzer Zeit ist durch verschiedene Augenärzte festgestellt worden, dass Tim blind ist. Diagnose: Unterentwicklung der Sehnerven.

Untersuchungen hatten ergeben, dass kein Licht über die Sehnerven im Gehirn ankommt, also ein medizinisch irreparabler Schaden vorliegt.

Da unserem Sohn von ärztlicher und medizinischer Seite nicht geholfen werden kann, haben wir uns in unserer Not an Rolf Drevermann gewandt. Er hat es nun durch wiederholte unentgeltliche »Bestrahlungen« geschafft, dass Tim schon wieder auf eine eingeschaltete Taschenlampe reagiert und dieses Licht registriert.

Anhang **Patienten berichten**

Hans H. aus Dortmund:

Meine Frau leidet seit über zwanzig Jahren an der unheilbaren Krankheit Multiple Sklerose. Neben den üblichen Beschwerden bei dieser Krankheit hat sie unerträgliche Schmerzen (Dauerschmerzen) von der Hüfte abwärts und im Kopfbereich. Sämtliche Bemühungen verschiedener Ärzte waren erfolglos. Mit starken Schmerztabletten konnte zeitweise Linderung erreicht werden, jedoch zu Lasten des gesamten Bewegungsapparats. Vor noch nicht sehr langer Zeit haben wir uns an Herrn Rolf Drevermann in Warendorf gewandt in der Hoffnung, dass er meiner Frau hilft. Nach einigen Sitzungen stellte sich eine sichtliche Besserung bei den Schmerzen ein (ohne Einwirkung von Medikamenten). Der Bewegungsapparat wurde nicht beeinträchtigt, im Gegenteil, auch da bemerkten wir eine Stabilität.

H. Sch. aus Sendenhorst:

Meine Frau Mechtild (42 Jahre alt) leidet schon seit Jahren unter Migräne mit schweren Anfällen. Drei Behandlungen bei Herrn Drevermann waren notwendig – und die Kopfschmerzen waren wie weggeblasen. Ein Wunder war geschehen! Herr Drevermann hat keine Medikamente verordnet, keine Spritzen verwendet. Unsere Ärzte in Sendenhorst sind selbst begeistert, dass so etwas möglich ist.

Irmingard H. aus Goslar:

Seit über zwanzig Jahren leide ich an dem Menierschen Syndrom. Es hat viele Jahre gedauert, bis man die richtige

Diagnose stellen konnte, doch leider gibt es bis heute in der Medizin dafür keine Heilmöglichkeit. Ich habe außer ständigem Ohrensausen/-rauschen von Zeit zu Zeit sehr böse Schwindelanfälle erlebt, die mich völlig bewegungsunfähig und total hilflos machten und oft stundenlang ans Bett fesselten. Jahrelang nahm ich Tabletten ein, bis ich sie nicht mehr vertragen konnte. Es war oft sehr entmutigend.

Dann las ich von den großen Erfolgen des Herrn Drevermann und vor allem von der Heilung eines Arztes, der an der gleichen Krankheit wie ich litt. Auch ihm hatte kein Mediziner helfen können – aber Drevermann. Um meine Skepsis zu verlieren, rief ich den Herrn eines Tages an, und er bestätigte mir ganz glücklich den Erfolg. Gleich zu Beginn des ersten Treffens mit Herrn Drevermann machte man mir keine Hoffnungen, mit denen ich allerdings auch nicht gekommen war. Doch nun habe ich schon über einen längeren Zeitraum – mehr als zwei Jahre – keine Anfälle mehr gehabt. Und das ist schon ein sehr großer Erfolg.

Margret K. aus Telgte:

Ich litt seit Jahren an cerebralen Durchblutungsstörungen, mit Kopfschmerzen, Schwindel und Hörminderung. Hatte ständig einen Kloß im Hals und einen Druck auf der Brust, der mir das Essen und Atmen erschwerte. Ich konsultierte mehrere Ärzte wie Zahn-, Augen-, Hals-, Nasen- und Ohrenärzte, Internisten und Orthopäden. Ich schluckte Unmengen von Tabletten, bekam Allergien dagegen, erhielt Salben, Bestrahlungen, Streckungen, Spritzen in Nacken und Kopf und Neuraltherapie durch Spritzen in den Hals. Schließlich wurde es so schlimm mit mir, dass ich nicht mehr sicher auf den Beinen war.

Meine letzte Rettung war Herr Drevermann. Durch seine Behandlung wurde im Kopf- und Brustbereich Wärme erzeugt, die – man mag es glauben oder nicht – das Ohr plötzlich befreite. Ich hörte und höre besser als zuvor. Im Bronchienbereich hatte ich das Gefühl, als ob etwas Schweres von meiner Brust gezogen würde. Der bedrückende Kloß ist fast weg, ich kann wieder schlucken und essen.

Anna K. aus Rangendingen:

Eidesstattliche Erklärung: Ich wurde vom 31. Oktober 1994 bis einschließlich 4. November 1994 von Herrn Rolf Drevermann in Seis/Südtirol wegen meines Rheumaleidens (Polyarthritis) erfolgreich behandelt. Schon nach der ersten Behandlung am 31. 10. 1994 war mein linkes Bein schmerzfrei, und der Zustand ist bis heute so geblieben. Bisher musste ich beim Laufen von meinem Mann an der Hand geführt werden, was heute nicht mehr erforderlich ist. An meiner linken Hand waren der Ringfinger und der Mittelfinger vollkommen steif. Nach Beendigung der Behandlung konnte ich die Finger bis heute normal bewegen. Der gesamte Schmerzzustand hat sich bei mir gut um die Hälfte verringert.

Bernhard H. aus Osnabrück:

Fünfzehn Jahre lang litt ich an chronischer Nebenhöhlenentzündung. Einige Male wurden die Nasenpolypen entfernt sowie Nasenspülungen vorgenommen. Auch Medikamente – Salben und Sprays – wurden verabreicht. Nachdem ich von Herrn Drevermann behandelt wurde, hatte ich vier Monate lang keine Beschwerden. In letzter Zeit sind allerdings wieder leichte Entzündungen aufgetreten. Ich möchte mich jetzt noch einmal behandeln lassen.

Werner B. aus Bad Essen:

Seit Juli 1989 leide ich unter wahnsinnigen Schmerzen. Wegen dieser Krankheit habe ich sieben Wochen im Krankenhaus Damme gelegen. Leider konnte mir dort von den Ärzten nicht geholfen werden. Es konnte auch keine genaue Diagnose erstellt werden. Man schickte mich aus Ratlosigkeit zur Medizinischen Hochschule in Hannover. Nach 14-tägigem Aufenthalt unter ständiger ärztlicher Kontrolle wurde ich mit dem Verdacht auf Multiple Sklerose entlassen.
Dann kam ich zu Herrn Drevermann. Jetzt bekam ich Hilfe. Meine Schmerzen wurden mir genommen. Wenn auch nicht für immer, so doch so, dass ich Stunden, ja sogar Tage völlig schmerzfrei wie ein Mensch leben kann. Ich bin Herrn Drevermann sehr dankbar.

Beate R. aus Rheda-Wiedenbrück:

Mit diesen Zeilen möchte ich Ihnen meinen Dank sagen. Sie haben das Unmögliche geschafft, mich von meinen Schmerzen zu befreien! Als Frisörmeisterin, die einem Salon mit mehreren Lehrlingen und Gesellen vorsteht, bin ich gezwungen, viele Stunden am Tag auf den Beinen zu sein. In den letzten Jahren wurde ich wegen einer Arthrose im rechten Hüftgelenk, eines nicht behandelten Beckenbruchs und der Folgebeschwerden nach dem Verlust der rechten Niere auf Grund eines Nierenkrebses ohne spürbaren Erfolg behandelt. Bis ich zu Ihnen kam!

Anhang Patienten berichten

Josef Sch. aus Telgte:

Anfang Mai war mein Sohn Matthias bei Ihnen zum ersten Mal in Behandlung. Er litt ca. fünf Jahre an Übelkeit und häufigem Erbrechen. Verschiedene Ärzte – vom Internisten bis hin zum Psychologen sowie Untersuchungen im Krankenhaus – konnten die Ursache der Beschwerden nicht finden. Als er dann bei Ihnen in Behandlung war, ließen die Beschwerden nach, bis sie nach zwei Wochen völlig verschwunden waren.

Der Erfolg bei meinem Sohn veranlasste auch mich, Sie aufzusuchen. Ich hatte seit längerer Zeit starkes Zittern an den Händen und Herzrhythmusstörungen. Mir konnten die Ärzte leider auch nicht helfen. Die Beschwerden waren nach einigen Ihrer Behandlungen kaum noch spürbar. Zu den Behandlungen bei Ihnen brachte ich auch meine Frau mit. Sie litt an einer schweren Sehnenscheidenentzündung am rechten Arm sowie starken Nackenschmerzen. Nach zwei Behandlungen durch Sie war meine Frau völlig schmerzfrei.

Gerda F. aus Kiel:

Schon lange wollte ich mich bei Ihnen bedanken, weil mir Ihre Behandlung so gut geholfen hat. Die Neurodermitis hat sich bis jetzt – seit März – nicht wieder gezeigt und ich hoffe, dass es so bleibt.

Erwin N. aus Rheine:

Hiermit möchte ich noch einmal meinen Dank aussprechen für die großzügige Hilfe. Über ein Jahr hatte ich Schmerzen im linken Fuß. Es würde zu weit führen, wollte ich alles aufzählen, was die Ärzte mit mir ausprobierten. Diagnosen wurden viele gestellt, doch kein Arzt vermochte meine Schmerzen zu lindern. Sie waren meine letzte Hoffnung. Nach drei Sitzungen ließen die Schmerzen nach. Heute kann ich ohne Schmerzen meinen Dienst versehen.

Sandra Sch. aus Hude:

Ich möchte mich bei Ihnen für Ihre Hilfe bedanken. Wie Sie sich vielleicht erinnern, hatte ich seit meiner Kindheit Schwierigkeiten mit dem Essen im Beisein anderer Personen; Stress oder neue, ungewohnte Situationen konnte ich nur mit leerem Magen durchstehen, oftmals musste ich mich trotzdem übergeben.

Nach Ihrer Behandlung sind diese Symptome deutlich besser geworden. Auf der letzten Betriebsfeier meines Büros konnte ich eine Kleinigkeit essen – nach all den Jahren für mich ein toller Erfolg. Deshalb habe ich mich auch für eine andere Stelle beworben. Wegen des guten und ruhigen Eindrucks bei meinem Vorstellungsgespräch wurde ich auch sofort eingestellt. Meinen ersten Arbeitstag habe ich ebenfalls gut überstanden, mit meinen Kollegen kann ich im Personalraum essen. Für mich ein sensationelles Ergebnis.

Ingrid B. aus Schwerin:

Ich habe 42 Jahre lang stark unter Epilepsie gelitten. Jede zweite oder dritte Nacht hatte ich einen Anfall. Nach einer ersten Behandlungswoche bei Ihnen kamen die Anfälle nur noch alle 14 Tage. Dann eine zweite Behandlungswoche: Seither sind drei Monate vergangen, und ich hatte erst zwei Anfälle.

Renate W. aus Telgte:

Aus zwei Gründen war ich bei Herrn Drevermann. Zunächst, weil ich unter Haarausfall litt. Herr Drevermann führte mehrere Behandlungen durch, was auch einen Stillstand des Haarausfalls bewirkte. Das war ein Teilerfolg, den keiner der von mir vorher aufgesuchten Ärzte geschafft hat. (Mittlerweile hat sich durch einen Heilpraktiker herausgestellt, dass ich eine starke Hormonstörung habe! Hormongaben haben den Haarausfall behoben.)

Dann litt ich, bedingt durch Familienangelegenheiten, unter tiefen Depressionen. Von den Ärzten bekam ich Medikamente, die aber nur Angst, Schwindel und Gleichgewichtsstörungen hervorriefen. Da ging ich zu Herrn Drevermann – zwei Wochen lang täglich, und dann war ich geheilt.

Wienand P. aus Mönchengladbach:

Im Jahre 1983 brach bei mir zum ersten Mal eine Virus-Erkrankung im Unterleib aus. Ich ließ sie von einem Hautarzt behandeln, der die Krankheit zwar eindämmen konnte, mir aber auch sagte, es gäbe kein 100-prozentiges Mittel in der Schulmedizin dagegen, die Krankheit könne jederzeit wieder ausbrechen.

Ich konsultierte mehrere Hautärzte, welche alles Mögliche taten, aber es gelang ihnen nicht, die Krankheit einzudämmen oder zu stoppen. Es wurde immer schlimmer.

Dann hörte ich von Rolf Drevermann. Schon nach einer Woche trat eine extreme Besserung ein, nach ungefähr zweieinhalb Wochen war die Viruserkrankung endgültig verschwunden. Bis heute habe ich keinerlei Beschwerden und keinen Rückfall gehabt.

Mathilde B. aus Beckum:

Zwanzig Jahre lang litt ich an einer chronischen Krankheit, die meine Bewegungsfreiheit im täglichen Leben stark einschränkte.

Ich hatte in den letzten zehn Jahren drei Operationen, aber die gesundheitlichen Verbesserungen hielten nicht lange an. Deshalb wandte ich mich an Herrn Drevermann. Heute bin ich eine Frau, die durch seine Hilfe an vielen sportlichen Aktivitäten teilnehmen kann, Aerobic und andere Sportarten betreibt, ohne etwas vom früheren Leiden zu spüren.

*Kurt Magnus v. T., Rechtsanwalt,
aus Osterode im Harz:*

Meine Frau und ich danken Ihnen für Ihre große Hilfe. Wir sind überrascht und erstaunt, wie prompt und nachhaltig Ihre göttliche Fürbitte die starken Schmerzen meiner Frau sehr weitgehend gelindert und auf ein erträgliches Maß reduziert hat; die Besserung setzt sich fort.

Als meine Frau Ihnen in meiner Anwesenheit ihren Krankheitsverlauf zu schildern begann, unterbrachen Sie diese mit dem Hinweis, Sie seien weder Arzt noch Heilpraktiker; Sie würde auch keine Diagnosen stellen. Sie vertrauten der Kraft des Gebetes, welches helfen, aber niemals schaden könne. Ihr einziges »Instrument« war ein Rosenkranz. Eine körperliche Berührung fand während Ihrer Hilfeleistung nicht statt.

Als Jurist mit nahezu vierzig Jahren praktischer Berufserfahrung hätte ich Ihre Dienste für meine Frau nicht in Anspruch genommen, wenn ich darin nur einen Hauch von Ungesetzlichkeit für möglich gehalten hätte.

Waltraud T. aus Bielefeld:

Meine Mutter hatte einen schweren Schlaganfall mit rechtsseitiger Lähmung. Sie fühlt sich nach Ihren Behandlungen immer sehr gut. Der rechte Arm hat sich deutlich gebessert. Jedes Mal, wenn wir bei Ihnen waren, hörten wir von dem jungen Mann, der die Krankengymnastik mit unserer Mutter macht, dass sich irgendetwas verbessert habe. Er weiß nichts von Ihren Behandlungen.

Margit R. aus Osnabrück:

Ich leide an Otosklerose, einer Krankheit im Gehör. Nach Ihren Behandlungen ging ich zum Arzt. Der Hörtest ergab, dass die Hörkraft meines rechten Ohres im Normal- und Tieftonbereich fast verdoppelt wurde, der Hochtonbereich nur etwas. Auch das Audiogramm zeigte eine deutliche Besserung. Ich bin sehr dankbar und glücklich über dieses Ergebnis, höre ich doch wieder Dinge, die ich vorher nicht mehr mitbekam.

Anhang Patienten berichten

Maria B. aus Kuchl (Österreich):

Anfang diesen Jahres war ich bei Ihnen. Habe meine Migräne, die ich dreißig Jahre hatte, durch Ihre Heilkraft verloren. Es ist einfach ein großes Wunder für mich.

Familie H. aus Hannover:

Der Krankheitszustand meiner Frau vor Ihrer Behandlung: zwei Schlaganfälle im Juli und Dezember 1992, rechtsseitig gelähmt, Gehen nur mit starker Behinderung, rechter Arm voll gelähmt, Sprache gestört.

Seit Ihrer Behandlung kann sie viel besser das Gleichgewicht halten und sogar Treppen vorwärts hinuntergehen. Auch die Sprache hat sich gebessert, sie spricht wieder ganze Sätze und beteiligt sich an Gesprächen. Das Sorgenkind ist noch ihr rechter Arm. Die Schmerzen und die Spastik sind zwar zurückgegangen, bewegen kann sie ihn auch etwas mehr als vorher, aber das Öffnen der Hand geht noch nicht.

Gerhard K. aus Bad Oeynhausen:

Nach zehn Behandlungen bei Ihnen bin ich total schmerzfrei. Ich hatte Arthrose in allen Gelenken (außer im rechten Fuß).

Vor der ersten Behandlung konnte ich keine 500 Meter mehr gehen, keine Treppen steigen und keine Einkaufstasche tragen. Nun bin ich ohne Schmerzen – und mein Hausarzt und mein Orthopäde wunderten sich, dass ich so fit bin.

Anhang Patienten berichten

Marita W.-H. aus Schwenningen:

Es sind nun schon zehn Wochen seit Ihren Behandlungen vergangen. Ich habe extra gewartet, um zu sehen, wie sich die Unterleibsbeschwerden entwickeln. Meine Blutungen sind nicht mehr so stark. Auch die Schmerzen sind erträglich, ich brauche keine Schmerzmittel mehr. Was mich noch mehr überrascht, ist die Tatsache, dass ich im ersten und zweiten Zyklus keine Zyste mehr hatte. Im dritten bekam ich dann doch eine, allerdings war sie weder von der Größe noch von den Beschwerden her mit den früheren zu vergleichen. Und – es ist kaum zu glauben – nach acht Tagen war sie verschwunden! Sie können sich nicht vorstellen, wie glücklich ich darüber bin. Von meinem Bandscheibenvorfall merke ich, seit ich bei Ihnen war, nichts mehr. Und meine Zehen kann ich wieder bewegen, ich merke, dass sich die Muskulatur etwas gefestigt hat. Die Muskeln am Oberschenkel kann ich jetzt auch leicht anspannen.

Für all das kann ich nur ein Wort finden: Danke!

Gabi K. aus Kiel:

Meine Tochter Canan hatte vier Tage lang nach Ihren Behandlungen keine Anfälle. Dann fingen sie wieder an, aber es hat sich doch viel geändert: Die Krämpfe dauern nicht mehr so lange wie früher, Canan beißt sich nicht mehr jedes Mal die Zunge blutig. Ihre Krankengymnastin sagte auch, dass ihre Augen gerader geworden seien, sie schielt fast gar nicht mehr. Wir sind sehr glücklich über diese Erfolge. Wir haben schon so viel ausprobiert, jetzt können wir sagen: Was Sie, Herr Drevermann, gemacht haben, ist das Einzige, das bisher geholfen hat.

Anhang **Patienten berichten**

Willi S. aus Salzkotten:

Die Schmerzen in der Herzgegend haben nach Ihren Behandlungen nachgelassen. Mein Zustand hat sich allgemein verbessert, bloß der Schwindel setzt in Stress-Situationen immer mal wieder ein.

Jürgen Sch. aus Heilbronn:

Seit Ihren drei Behandlungen sind meine Schmerzen, die durch einen Unfall aufgetreten sind, praktisch nicht mehr da. Ich habe nur am Daumen noch nicht ganz das volle Gefühl. Aber die Schmerzen vom Oberschenkel zum Knie sind total weg.

Hans Sch. aus Haan:

Vor einiger Zeit bin ich mit Migräne, die mich seit ungefähr zehn Jahren mit unvorstellbaren Schmerzen quälte, zu Ihnen gekommen. Sie haben sofort die Ursache erkannt und mir mit vier Sitzungen die Schmerzen genommen. Es ist mir ein Bedürfnis, Ihnen dafür von ganzem Herzen zu danken.

Peter Sch. aus Birmensdorf (Schweiz):

Ich bin seit September 1987 herztransplantiert und leide als Folge einer Luftembolie unter einem gelähmten und gefühllosen linken Fuß. Diese Beschwerden haben im linken Fuß begonnen und erreichen heute bereits die Herzgegend. Die Schulmedizin hat sämtliche möglichen Abklärungen unternommen und konnte mir in keiner Weise helfen.

Ich habe bei Herrn Drevermann vier Behandlungen erhalten, wobei er mir mit jeder Konsultation erheblich helfen konnte. Die Schmerzen im Bein haben sich wesentlich gebessert, und die Gefühllosigkeit nahm entscheidend ab.

Hans F. aus Berlin:

Seit meiner Wehrdienstzeit, als ich mir ein schweres Rückenleiden zugezogen hatte, und das liegt jetzt ungefähr zwanzig Jahre zurück, litt ich unter größten rheumatischen Wirbelsäulenbeschwerden, vor allem im Bereich der Lendenwirbel. Mit allen schulmedizinischen Möglichkeiten habe ich versucht, gegen die Schmerzen anzugehen. Tabletten, Spritzen (Cortison), physikalische Therapien, aber auch alternative Möglichkeiten und chiropraktische Behandlungen, Homöopathie und Akupunktur konnten mir nicht wesentlich helfen.

Erst durch Ihre Behandlung, Herr Drevermann, ist es gelungen, meine Schmerzen wesentlich zu lindern. Anfangs war ich sehr skeptisch. Aber meine Schmerzen haben wirklich nachgelassen, ich bin wesentlich gelenkiger geworden, tagsüber viel entspannter, und dadurch geht es mir insgesamt psychisch sehr viel besser.

Elisabeth K. aus Wien (Österreich):

In der letzten Woche ist etwas Wunderbares bei unserer Tochter Jolande passiert. Der obere Teil der Wirbelsäule ist gerade geworden, und dadurch ist der Rückenbuckel verschwunden, der sich in den letzten Jahren aus unbegreiflichen Gründen gebildet hatte. Wir sind beide sehr, sehr glücklich darüber, und danken Ihnen dafür von ganzem Herzen.

Karin C. aus Lahstedt:

Meine rheumatischen Beschwerden, die ich am ganzen Körper habe und die sich trotz Aufsuchens verschiedener Ärzte nicht gebessert haben, wurden in einer mehrtägigen Behandlung durch Herrn Drevermann wesentlich gelindert.

Alfred D. aus Essen:

Seit ich bei Ihnen war, Herr Drevermann, habe ich keine Herzbeschwerden mehr und kann wieder schmerzlos und tief Luft holen. Meine Kniegelenke haben sich stabilisiert und mein Allgemeinbefinden ist wieder prima.

Roswitha B. aus Düsseldorf:

Nachdem ich nun schon seit mehr als drei Wochen durch Ihre erfolgreiche fünftägige Intensivbehandlung von meinen sechzig Jahre währenden Kopfschmerzen befreit bin, muss ich Ihnen meinen tief empfundenen Dank sagen für das, was Sie vollbrachten, was Allopathen und Homöopathen bisher nicht gelungen ist. Sie können sich nur schwer vorstellen, wie überglücklich ich bin, endlich von dem schädlichen Medikamentenkonsum losgekommen zu sein und wieder ein zufriedenes Leben führen zu können.

Regina L. aus Warendorf:

Ich möchte mich bei Ihnen noch einmal herzlich bedanken. Ich war mal in Behandlung bei einem Spezialisten in Münster. Trotz mehrerer Spülungen, was auch eine grausame Behandlung ist, trat keine Besserung ein. Jetzt war ich bei Ihnen – und meine Nasennebenhöhlen sind wieder frei!

Liebe Leserin, lieber Leser,

Sie sind ein Stück des Weges durch mein Leben mit mir gegangen und vielleicht sogar meine Freunde geworden. Ich wünsche mir, dass Ihnen meine Gedanken und meine Schilderungen Hilfe bringen für Ihr eigenes Leben, und ich hoffe, dass Sie auf Ihre Fragen in diesem Buch Antworten gefunden haben, die Ihnen weiterhelfen.

Ich wünsche Ihnen alles Gute, Erfolg, Liebe, Gesundheit und Gottes Segen.

Ihr Rolf Drevermann

Wenn Sie mich erreichen möchten, wenden Sie sich bitte an das

Sekretariat Rolf Drevermann
Postfach 200 100
D-48219 Warendorf
Tel.: 02581 – 4 44 66
      02581 – 4 44 88
Info-Telefon: 0190 670 200
Fax: 02581 – 44 489
E-Mail: Post@drevermann.de

Sie finden mich im Internet unter www.drevermann.de. Auf zahlreichen Seiten gibt es dort umfangreiche Informationen und Veröffentlichungen, Hinweise auf Padre Pio und die aktuellen Terminpläne. Empfehlen möchte ich auch meine CD »Die universelle Heilkraft«, die viele meiner Patienten zur Unterstützung der Therapie erhielten und die Musik zum Entspannen und Wohlfühlen bietet (Palm Records and Songs, Rutschbahn 5, D-20146 Hamburg).